爱的供养

水竹 著

Wuhan University Press
武汉大学出版社

图书在版编目（CIP）数据

爱的供养 / 水竹著 .– 武汉：武汉大学出版社，2012.7（2022.5重印）
ISBN 978-7-307-09846-6

Ⅰ. 爱…
Ⅱ. 水…
Ⅲ. 女性—爱情—通俗读物
Ⅳ. C913.1-49

中国版本图书馆 CIP 数据核字（2012）第 107822 号

责任编辑：陈　岱
文字编辑：5biao
审　　读：代君明
责任印制：人　弋

出　版：武汉大学出版社
发　行：武汉大学出版社北京图书策划中心
网　址：www.wdpbook.com
电　话：010-63978987
传　真：010-67397417-608
印　刷：北京一鑫印务有限责任公司

开　本：787 × 1092　1/16
印　张：13.75
字　数：150 千字
版　次：2012 年 7 月第 1 版
印　次：2022 年 5 月第 3 次印刷
定　价：48.00 元

前 言

让爱，刀枪不入

不止一位男士曾对我说，你知道吗？你是一个刀枪不入的女人。我笑而不语，心里却很高兴，我把这当成是一种赞美。不是我刀枪不入，而是我目前所拥有的爱坚如磐石、刀枪进不来罢了！我很愿意享受这样平淡凡俗、岁月静好的生活，没有刀枪，远离伤害。

也可以说成，我怕受伤，拒绝刀枪来袭。完美的爱情是在对的时间遇到对的人，而我眼见耳闻太多太多：在错的时间，如同第一颗纽扣扣错了，接下来不管你遇到谁，扣在哪一个上面，都会错。虽然纽扣可以解开重扣，然而时光不能倒流。即使在错的时间遇到再浓烈的爱，也不过是毒酒一杯，根本无须考虑。

从2006年至今，我在所供职的周刊主持一档名为“水竹听语”的情感咨询栏目，也就是我听读者们倾诉或解答他们咨询的感情问题，并给读者提出合理的建议。事实上，我只能算是回应，很多时候，我都在充当“树洞”的作用。

前来咨询、倾诉者多为女性，有懵懂的花季少女，寻爱、等爱、热恋中或失恋的女孩，谈婚论嫁或初为人妻的女人，围城中老公有外遇和怀疑老公有外遇的女人……从十几岁到三十几岁都有，相同的是她们在感情上都碰到问题。爱情甜蜜的，都忙着花前月下去了，哪有时间来找我啊！

她们问：选男友，最注重的该是哪方面呢？男友一直忘不了前女友怎么办？爱情和物质，真的很难选啊！女人是否要当家庭主妇？老公出轨了，要不要离婚？诸如此类生活里比比皆是、却没有标准答案的问题。

我多半是在静静地听，适时地回应，当她们问到某个具体问题时，我再说出自己的意见，也仅代表我的观点，仅供参考。毕竟每个人想要的生活，只有自己最清楚，凡事还得听从自己内心深处的想法。很多咨询者说出问题，询问我该怎么办时，其实心中早已有定夺，说出来，问个究竟，只是找寻一份协助做决定的勇气罢了。

我如同一个“树洞”，承载着她们抛来的所有感情问题。这些情感中的迷茫与纠结，我们通常更愿意说给陌生人听。不熟悉的人，抑或完全陌生的人，交流起来没有心理负担，更放得开，聊聊而已，说完，各走各的路，或许永不相见，再无联系。

她们和我说过的那些困惑和矛盾，痛苦与挣扎，不知何去何从的爱情碎片，或许她们自己都已不再记得。可是，我记得！我用笔，用心，将这些写成一篇篇小文，为她们，为自己，也为那些曾经为爱倾心付出的时光。

我偶尔用第一人称来写这些爱情，是想着把自己融入故事中，化身为故事中的主角去感同身受，写出来的文字易于让人产生共鸣，所以在此提醒一下读者们，请勿对号入座哦！

生活中，看到的不管是身边的亲人朋友，还是陌生人，抑或明星大腕的爱情故事，空闲时，我喜欢一一记下。记下当时的所思所悟，是对生活、对自己不虚此行的人生最好的回馈。

青春是那么美，那么短。张爱玲曾说过，青春路上有很多非走不可的弯路，当然也包括爱情，但凡事不一定要吃一堑长一智，什么跟头都去栽一下才知道痛。从别人的故事和经验里汲取教训，同样可以少走弯路。这也是我把围观爱情所得的情感随笔，从中挑选出百篇加工烹制成四道爱情菜捧之于众的目的。

祝愿天下有情人终成眷属，再送给眷属们一句话：世上最重要的不是努力，不是争取，不是得到，而是珍惜。希望此书能停住爱情流转的目光，给予你源源不断的爱与被爱的力量，让你的爱，刀枪不入，少受伤。

2012年2月14日晚写于天润花园

CONTENTS

目录

Part 2 夏之爱情靓汤——婚姻保卫战 …………… 55

再轰轰烈烈的恋爱，辗转缠绵后，最高理想都趋于一个结果，那就是结婚。追求到爱的人，共赴婚姻的殿堂是一种本能，能用爱守住所爱的人才算本事。

Part 3 秋之胜利果实——三个人太挤 ……………109

别人的大腿再粗，也是别人的，抱得再紧，也有抽走的一天。相对于第三者说，与其非法竞争，不如合法开拓，给自己一个温暖的未来。拥有独属于自己的真爱，才是正道。

Part 4 冬之缤纷火锅——不吼不痛快 ……………161

看到，想到，说出来，再记下来，这是对生活最热情的回应。很多事，都是仁者见仁，智能见智，路见不平时，就很八卦地吼一嗓子。

Part 1

春之爽口小菜
——爱的独角戏

爱情，有时候仅仅是一种态度。非阳光的，一定要懂得拒绝，爱情也要必备滋养你的力量，能赐予你正面的能量，去鼓励你、帮助你接近崇高而幸福的恋爱磁场。

说出你想要的

找寻长期陪伴生活的必需品，说出你想要的，无疑会事半功倍。

同办公室的一个女孩，一直单着，眼看着就要被剩下，大家都为她着急。有热心的人想为她介绍男朋友，问她想找个啥样的，有啥要求。每次，她总是千篇一律地回答，随便，差不多就行。

另一半如果修成正果，是要朝夕相伴奔着白头偕老去的人，岂能随便？“差不多”是比她差多少，还是多多少呀！这让人心里没底，同事背着她议论纷纷：难道是已有男友，没公开，跟大家打太极呢？又或者是排斥相亲？因此，大家都不敢冒昧给她介绍。

并非说没人给她介绍对象，她就找不到托付终生的爱人。人终究要结婚，把要求说出来，大家一起找，总比一个人碰着找要容易得多。一见钟情、巧遇、完美邂逅，在电影、小说里多，在现实中，想碰到这样的美事，比中奖的概率大不了多少。

不由得想起，前几天和女友逛街，在一家内衣店，我们要了适合各自尺码的内衣，一起到试衣间试穿。坦诚相见时，我们互相打趣起彼此腋前的肥肉来，最后总结出，是青春期没穿合适内衣惹的祸，以致把原本该老老实实呆在内衣内的肉，挤到内衣外去了，久而久之，挤出去的肉再被挤回的可能性很小。

记得青春期刚发育时，我对欲发挺起的胸害羞起来，走路时总喜欢把背微微向前倾，以掩盖胸前的风光。那时觉得，胸大是一件让人很不好意思的事。第一次去买内衣时，我和女同学低着头跑到内衣店，也不问尺码，随便各自抓起一件，付了钱，逃也似的跑掉。

此后，每次买内衣，若导购员问起尺码，也都说“随便”，不问尺码就买，一直持续到高中毕业。上大学时，我才真正意识到，对于女人来说，胸大也是一种美。买内衣时，再也不遮遮掩掩，开始听从导购员的建议，让她们帮着量胸围，挑相应的尺码和杯型，甚至让她们为自己

试穿，指导洗涤方法。

找到适合自己的尺码和杯型后，再买内衣时，看中合适的款型后，只用对导购员说出需要的尺码便可，试不试都可以，多么简单的事，穿上舒适，又有益胸部美观。

想想看，找寻爱人和挑内衣是多么相似啊！都是贴身暖心、需要长期陪伴的生活必需品，岂能随便？既然是必需品，说出你想要的，无疑会事半功倍。

不信？那你就试一下！

比如，你想找帅的，大家都奔着帅的给你找；想找有钱的，大家都奔着银子去给挑；想找有才的，大家把才子拉到面前让你选……多好的事！但前提是，你想要啥样的生活，首先自己要弄清楚了，其次还得说出来才行。

请你脱掉高跟鞋

不管这高跟鞋的材质是金钱、权力，抑或是别人的老公，你都要脱掉它，这样才会得到解脱、放松、自由！

几乎每个女生都有无数双高跟鞋，穿上它漂亮、轻盈、高贵，是行走江湖必不可少的行头，却也让女生们的脚受了不少束缚，甚至受伤。“奶茶”刘若英曾开过一场主题为“脱掉高跟鞋”的演唱会，号召女生们和她一起脱掉高跟鞋，享受自由、舒展和放松的感觉。

脱掉高跟鞋，这是如此的坦率与自信，别说在娱乐圈，在常人中也难能可贵。脱掉，即为舍弃，而在脱掉高跟鞋时，舍弃的当然不只是一双高跟鞋，还有与之有着异曲同工之妙的——闪闪发光的爱情。

刘若英说：“高跟鞋让女生穿着漂亮，但穿久了会不舒服。鞋子一定要合脚，爱情也一样。美丽、虚幻的爱情或许不能陪伴自己一辈子，还是要找到适合自己的另一半。”如今，在爱情上宁缺毋滥的“奶茶”，终于找到了适合她的另一半——那双让她穿着舒服的鞋，幸福地把自己嫁了。让我们祝福她吧！

清清淡淡的“奶茶”，说出的话却一针见血，直抵女生们内心深处那根虚荣而不切实际的神经。相信很多爱臭美的女生，在还是小女孩时，曾偷偷穿过妈妈的高跟鞋，当渐渐长大，平底鞋换成高跟鞋的那一刻，便开始向往爱情，寻觅属于自己的那双高跟鞋，当然都希望属于自己的高跟鞋是王子送的，而非平民送的。

在寻觅爱情时，往往看到的不是爱情，而是爱情背后那些耀眼夺目的舞台背景：人不但要帅，还要多金，最好还有点权。要有车有房有权，更要浪漫、风趣、体贴等，这些前提都是垫高爱情这双鞋的跟。满足的条件越多，爱情这双鞋的跟垫得越高，穿上就越炫目！也甭管这送高跟鞋之人婚否。

殊不知，现实生活是，他长得帅，不光你喜欢别人也喜欢；钱再多，

未必舍得给你花；车里经常坐的也不一定是你；浪漫的戏一场接一场，主角绝非你一个人。这些都是高跟鞋爱情的附属品。既然要漂亮，注定得有所牺牲。

前不久，一个如愿以偿嫁了富贵人家刚一年的女友向我诉苦，老公娶她回家只是为了父母喜欢。对于她老公而言，家就像宾馆，是解决吃饭住宿的场所，他们之间别说爱情，连感情都没有。她不想要这样的婚姻，却舍不得放弃优越的物质享受和安逸的生活。

另一个朋友爱上了已婚的男同事，遮遮掩掩、恩恩爱爱的岁月还没来得及享受多久，便被揪出来，身败名裂后，爱情随着工作一同离去。而之前声称没有她活不下去的男同事，早与妻子重归于好，活得好好的！

我对嫁入富贵人家的女友说，高跟鞋的高度和跌倒了受伤的程度从来都是成正比的。与其等高跟鞋出现问题后摔伤自己，不如先脱了它，解放自己。女友说，已经习惯了现在的生活，由俭入奢易，由奢入俭难。

那能怎么办，世上哪有两全其美的事，上帝是公平的，你得到了这一种，势必要失去另一种。只有用自己的双手创造物质，爱情才能和你平起平坐。有条件的，见不得阳光的，都不是爱情。

脱掉高跟鞋吧，不管这高跟鞋的材质是金钱、权力，抑或别人的老公，你都要脱掉它，这样你才会得到解脱、放松、自由！

投爱所好

爱是让我们开心快乐的，为心爱的人做他喜欢的事！他开心，你快乐，大家好才是真的好。

前些日，我把单位临时招聘来的一位女孩介绍给了一个师弟。女孩娇小可爱，师弟阳光帅气，简直是天造地设的一对。

过了几天，我问女孩，两人相处得如何，女孩说，彼此感觉很喜欢，也谈得来。只是有一点让她很不满意，男孩的家人很想找个有份正式工作的媳妇。

我问，那男孩的意思呢？

男孩是说喜欢就好，其他的无所谓，但如果她能考上公务员、教师之类的，就两全其美了。说到这里，她有些愤愤不平：不得到男方家人的祝福，她是不会嫁的，她原本也想去考公务员的，现在不想考了，谁知道对方存的什么心，是喜欢她这个人，还是喜欢正式工作。

我笑着说，“傻丫头，喜欢一个人，去考一份他家人认可的工作，和去学着做一道他喜欢吃的糖醋鱼，有什么区别呢？为心爱的人做他喜欢的事，多么幸福呀！犯得着如小孩般任性赌气吗？”

其实，不只容貌、性格是人的一部分，工作也是如此。除了如同父母爱孩子一样，有割舍不断的血肉亲情外，无论谁爱一个人都是有条件的，比如，漂亮与否，性格是否合适，对自己好不好，工作环境如何，不管是本身还是附属的，都是条件，只有条件都满足了，才会有圆满的爱。缺任何一点，就会爱得不够。爱的条件，往往不只是体现在爱情本身。

实在很难说清，爱一个人，是爱她（或他）的容貌，或者内心，甚至地位及其他。我想，应该是综合的。所有的条件都放在存爱的那碗水中，若哪儿缺了个口，不知道的还要想方设法找到缺口补上，既然已经知道缺口在哪，还坐视不理，结果只能任爱一点一滴从缺口中流逝殆尽。

我想，这并不是女孩想要的结果。退一步来说，人家只是说有份正

式的工作更好。锦上添花的事，何乐而不为？不想下海经商当个女强人，或赋闲在家当煮女，有个正式的工作，百利而无一害，就算不为爱情增添筹码，为自己也该好好努力。

如今，若把养家的压力全放在男人身上，确实有点重。女人能帮着分担一点，更好。如若不能分担，女人也不能成为男人的包袱。没有谁愿意背着包袱上路，即使是再漂亮的包袱，背久了也会想扔掉。

爱是让我们开心快乐的，为心爱的人做他喜欢的事！若不是让你做杀人放火等犯罪的事，都尽力尽情地去做吧！不是让你放低身段投其所好，而是投爱所好。他开心，你快乐，大家好才是真的好！

给他一次当护花使者的机会

如果想早点嫁人，那再有什么聚会，就不要老是自备交通工具。

一天，我加班到深夜十二点，同事Y的老公来接她，顺道把我捎回家。我家比她家离单位远，按照正常的思维，应该是先把我送回家，然后夫妻双双把家还。

快到Y家时，她老公对她说，天太冷了，先送你回去吧！越熬越晚，对身体不好。Y点了点头。当车开到她家楼下时，她老公抱歉地对我说，先等一会儿，一分钟，我把她送到家里就下来。

我笑着回答，没事。果然，也就一分钟，他小跑着过来了，启动车后说，她啊就是胆小，一到晚上，自己就不敢上下楼。我笑着夸他体贴，心里却犯起了嘀咕，我这同事，心理素质超好，虽不是泰山崩于面前都不动声色，但也属于胆大心细型的。以前，她老公出差时，不管加班再晚，哪怕凌晨一点，她都敢独自回家。这会儿，咋变了一个人似的？

第二天一上班，我就在她面前夸她老公超级模范，结婚十来年了，还一如既往地把她捧在手心里疼爱，并问她有啥驭夫高招。

她笑着说，哪有什么高招，不过，女人想要什么，总得给男人一个给予你的机会啊！我听后恍然大悟，是啊！女人太强了，能文能武，把能做的、不能做的都给做了，男人想为你做点什么都无从下手。

我说，原来高招就是要在男人面前扮大白兔，装柔弱，激起男人的保护欲啊！她摇摇头说道，不全是，男人的保护欲都强，却不喜欢背包袱。这也是她老公在小城坐拥千万身价，她自己开了个加盟店，却还朝九晚五地跟我们争饭吃的主要原因。

她是个富太太没错，却很上进。她说，虽然她天天做做美容，打打麻将，逛逛街，日子可以过得很舒坦，可是，就算她老公再有钱，都赚得不容易。他在辛苦打拼，你在享受，时间久了，他心里会不平衡。不管做点什么，能挣到多少钱，都不要紧，重要的是你做了。如同一块大

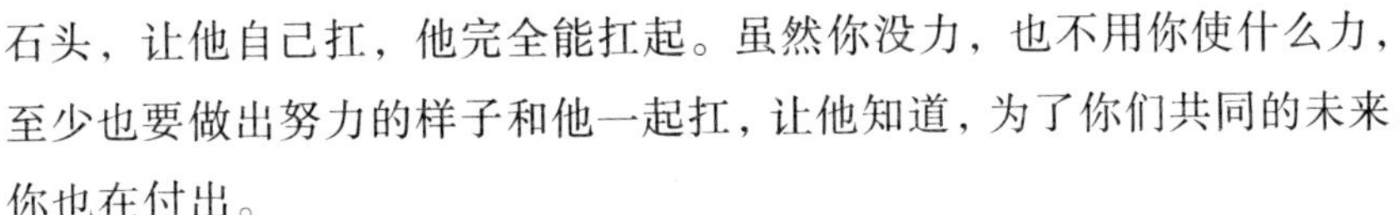

石头，让他自己扛，他完全能扛起。虽然你没力，也不用你使什么力，至少也要做出努力的样子和他一起扛，让他知道，为了你们共同的未来，你也在付出。

以前，我们都眼红她嫁了一个好男人，有钱，还多年如一日地疼爱她，觉得她运气好。现在看来，显然，她的幸福，不是靠好运气嫁了一个好男人而手到擒来，一劳永逸。她不仅懂得付出，更懂得索取，套用一个专业点的词——她的情商很高。

这个情商很高的女人，在下班前，附耳对我说，如果想早点嫁人，那再有什么聚会，就不要老是自备交通工具。新女性自强自立没错，但总要适时，偶尔给男人一次当护花使者的机会，不是吗？

小心男人不接你的电话

男人老不接你电话，见了面又说没听到，不管你是不是他家的，说明他对你已经没兴趣了。

身为女人，总能听到同一个男人的手机里不停地说，“您拨打的电话无人接听”，而他又没能及时回拨，再次见面又告诉你没听到。无疑是那个男人对你没兴趣了——不是没听到，而是不想理你罢了。

一个周末的晚上，我和一个关系不错的同学峰及其他同学在钱柜K歌。我正对着麦克风狂吼时，手机却在口袋里不安分地振动起来，一看是家里的号码，就按了接听键。不等我说话，老公就在电话里问道，在哪儿，怎么那么吵？我说在唱歌。他又问和谁在一起，啥时候回去，等等。顿时，我在这番连环追问后没了唱歌的兴趣。

我刚放下电话，峰的手机也欢快地唱起歌来。我推了推正沉浸在歌声中的他，他扫了一眼手机，又自顾地唱起歌来，仿佛什么事都没有发生。过了一会儿，峰打电话约来一个美女朋友，青春靓丽，千柔百媚。两个人一唱一和好不惬意，任他的手机怎样歇斯底里都无动于衷。唱完歌后，峰温柔地对那美女说，乖，我和朋友还有点事，你自己搭车回去，有事我会打电话给你。那美女听后，乖巧地离去。

回来的路上，我不解地问峰，刚才为什么不接电话？他愣了一下笑了起来，说道，“你也太笨了，接与不接的效果都摆在面前，一会儿回去，高兴了就和她扯个谎，不高兴就说没听到。你看你接过电话后，一脸败兴的样子。”

是啊！他一个晚上多快活，我则像个蔫不拉唧的茄子，无精打采的。

我不由想到前几天，一个比较知己的女人问我，最近打男友的电话都无人接听，回来后总是说没听到，你说他是不是不爱我了，还是有什么事瞒着我，不方便呢？想到这儿，我想可能峰的另一半也正在为峰的电话老是无人接听而郁闷吧！

不用说，答案出来了。正常情况下，一个男人在非工作时间听到手机响，看到来电号码而不去接，肯定是不喜欢来电话的的那个人，不管是老婆、女友及朋友都可套用。如果男人总在晚上不接老婆的电话，又不能及时回拨过去，那么，他的婚姻也如鸡肋般食之无味，弃之可惜，只能游离在婚姻边缘——家里有一个，外面想怎么玩就怎么玩。

古语有云："食色者，性也。"好色是人的本性，也是一种本能。男人在用一纸婚书锁住自己的形式上的自由后，再碰到动心的女人，面对老婆的无线跟踪，只有想方设法尽可能地做到两全其美——不接电话。这样一来，不用面对老婆没完没了的质问，也不用忧心忡忡地算计着回家的时间，更不会一颗心七上八下地想着，老婆会不会一冲动就杀到他所在的地方。手机是个好东西，在哪儿都能找到你，但又是个坏东西，只要不接，谁也没招。

爱一个人，会时时刻刻地想听到她（或他）的声音，哪会让时间浪费在手机无聊的"机械"声中。女人们请注意，若再碰到男人老不接你电话，见面被问及后扔一句"没听到"时，那么——恭喜你，你已经修炼成鸡肋了。不管你是女孩还是女人，不管你是不是他家的，他都对你不再有兴趣。

男人也是一种床上用品

把男人当成床上用品的一种，是对男人本能价值的肯定，也是女人独立自主睿智的真实体现。

女友桑美有一套与众不同的男人用品论：床上用品除了睡觉必需的被子、床单、被罩、枕头，也包括能解决自己生理需求的男人，而男人在床上的功能，也只能充当一种床上用品。这样说，不是要贬低男人，床上用品被需要时同样能体现自身价值。只是，用与换的主动权掌握在女人手中而已。

想想也有道理。如今，只要是男人能做的女人都能做，女人同样能挣钱养好自己并撑起家庭的重任，不用吃谁的拿谁的手软，为何不能把男人当成床上用品，挑自己喜欢的用呢？

拿桑美来说吧，28 岁就当了部门经理，高薪且貌美，追她的人是不计其数，但她的感情一直处于空窗期，却很少空床。在她不想空床时，便有她看着顺心入眼的男人陪着她，而陪着她的男人在她眼里与床上用品无异——喜欢就“买”回家去，用几天后，若不喜欢或睡起来不舒服，立刻扔了换新的。刚开始，我觉得她生活太随便，怎么能换男人如换床单。

有天我陪她逛街后，便释然了。逛到床上用品专柜时，她看着质地、花纹、颜色各不相同的床上用品，似笑非笑地对我说，你不觉得男人就是一件床上用品吗？除了睡觉时能用着，别的无所谓。如果他宠着你，顺着你，爱着你，能让你开心，当他存在也不错。不然你既能织布，又能耕田，犯不着为了几斗米或鸡毛蒜皮的小事，与他明枪暗箭地过招，弄得自己筋疲力尽，逐日沦为黄脸婆。

想想也是，他能做的你都能做，就算你不能做的，他也未必肯为你做，这时，只能徒增伤心。不如想开些，把他当成一种床上用品，除了生理需要必须要用，其他时间则视其可有可无，就会活得潇洒自在一点。

桑美提醒说，不过挑男人如同挑床上用品，首先要看颜色、花纹，

你是否钟情，再看质地是否纯正棉料，柔软舒适。总之，看着养眼、用着舒服就行了。如果用着不舒服，除非穷到连买个床单的资本都没有，否则能换个让你身心愉悦的干吗不换呢？话说回来，如果看着喜欢、用着舒适，谁也不想劳民伤财地瞎折腾，尤其是女人，更恋旧。

如果女人都如桑美这般想得开，世上便不会有“怨妇”一说。不由得想起，每年的三八节，老公手机里都会收到类似的短信：“今天是三八妇女节，虽然你不是妇女，但作为妇女的日用品，在女人的节日里，真心祝愿你结实耐用快乐无比。”我想，在这一天，不少成年男人都会收到这样的短信吧！

如此看来，地球人都知道男人是女人的日用品啊！那把男人说成一种床上用品也不为过。说不定某些男人还乐在其中呢？如果真有男人连床上用品都做不了，那岂是一个悲字能了的！

很多女人把男人看成自己的天，一旦男人有了外遇，便天塌了一般如临大敌，整日与老公的外遇打得战火四起，活在水深火热当中，生不如死。其实，何不想开点，男人，也就只是一种床上用品，没啥大不了的，别把他看得太重，至少不能看得比自己的命还重。

把男人当成一种床上用品，是对男人本能价值的肯定，也是女人独立自主睿智的真实体现。我若是男人，做梦都想遇见这样的女人，凡事独立，既不用养着哄着，晚上还有温柔乡！这样一来，男人落得轻松自在，女人赢得快乐自主，皆大欢喜，有何不可？

男人，不暖心就别拿来暖身

单身女人，找贴心暖身的伴，一定要先暖心，再暖身。

在花草蓬勃的季节，一位同事大婚，有情人终成眷属。新娘脸上的幸福，如花般被春风拨弄得满世界飘香，涌进我心里时，却甜到酸楚。葡萄吃不到嘴里，就是酸的。寂寞如发春的小猫，有一下没一下，抓得人心痒难耐。

隔几日，我和女友桑美说起，她又拿出了那套床上用品论：这还不简单，寂寞了，就找个人陪啊！听，真是站着说话不腰疼，说得倒轻巧，不是每个女人都漂亮可人，招异性喜欢。这年头，平凡女人想找个顺心入眼的男人，比中头彩还难！不然，谁愿意冷床凉被，抱着寂寞入睡。

桑美听后叹了口气，无奈地说，听着蛮可怜的，也只能怪你太挑剔。世上哪有完美的事，你难道不能将就一下，先找个男人暖床暖身，等床温身热时，心自然也就暖了。就算心暖不了，得暖身时且暖身，总比身心俱冷要好些吧！

想想也是，犯不着和自己过不去，叼在单身的尾巴上不肯下来。亦舒都说了，你爱的是一些人，与之结婚的又会是另一些人。想开了，退而求其次，还真有觉得不错的男人，处了一段时间，便带回去温床暖身。只是没维持两天，又打电话向桑美诉苦，屋里床上多了一个貌似熟悉的男人，真是一件可怕又麻烦的事，比如，我爱静静地听音乐看书，而他盯着电视里的球赛看，不肯关小声音；早上我想多睡会儿，他却要起床上班。生活完全不搭调，实在忍受不了。

桑美听后笑着说，生活习惯需要磨合的嘛！我反驳，又不是夫妻，不需要长长久久地生活在一起，为何要委屈自己迁就他？再说了，凭什么他睡我的床，还要干扰我的生活！还不如我一个人乐得自在清静。

找不到爱的人，将就又觉得亏，那你就独自孤老吧！桑美甩下话便挂了电话。

我当然不希望独自孤老,但绝不会再尝试过这种暖身不暖心的日子。我想，在没有遇上爱人之前，心空着，那就让床也空着吧！男人不能温暖我的心，我定不会拿来暖身。一个人清静地生活，总比去适应迁就一个不爱的男人来得惬意。

事实证明，男人住不进你心里，更不能让他睡在你床上。你不爱他，与之有关的生活习惯不管好与不好，都会成为你的眼中钉肉中刺，别说迁就，连看一眼就觉得烦心，何来温暖。反之，如果爱一个人，怎么看都会觉得顺心入眼——为爱的人做一切事都是幸福的，也无须迁就。单身女人，找暖身的伴，一定要先暖心，再暖身。暖身这么缠绵美好的事，一定要能暖心的人做才行。

有一种男人，只能欣赏

再好的男人，如果不能陪在你身边，给你宽厚的肩膀，温暖的怀抱，要他何用？不如放手，做个朋友。

因为不肯将就，找不到合适男友而坚决不恋爱的表妹，有一天突然跑到我办公室满脸绝望地说，姐，我这辈子的情感注定不得善终，怕是要孤老终生了。我听后吓了一跳，用手摸摸她的额头，说道，“傻丫头，没事吧？怎么净说胡话，一个90后的大女孩，怎么说出这般丧气的话来？”

她说：“我爱上单位的一个男同事。”我说，“很好啊！喜欢就去追。能让你看上眼真不容易，他一定不错吧！”

提到那个他，表妹立刻眉飞色舞地说，“当然，年轻，高大帅气，才华横溢，人也风趣，才进单位没多久，不仅工作出色，和同事打成一片，老总也对他刮目相看……”她说着赞赏他的话，我不住地点头。突然，表妹的脸色由晴转阴，伤感地说，“可是……”我问道，“他不喜欢你？不会吧，咱家的公主也是才貌双全，一点儿也不比他差。”

停了一会儿，表妹才说，“应该是喜欢的吧！”饿了知道帮她找东西吃，每天下班前会发布天气预报嘘寒问暖，加班晚了还会送她回家，甚至她深夜无眠时，也能陪她聊到手机没电或把她逗乐为止。

听后，我觉得表妹是捡到宝了，碰到这样的好男人真有福气。我笑着说，“这不很好吗？看样子，我们家的公主快要出嫁喽！”表妹狠狠地掐了我一下，“姐，都什么时候了还逗我，这辈子嫁不出去，也不会嫁他的。”

这下，轮到我迷糊了，男未婚，女未嫁，彼此倾心的一对金童玉女，为何不能成为夫妻？

表妹看我一脸迷惑，说道：“他是个花心大萝卜，谁嫁了他，没准都会抱着脚后跟哭，说不定连脚后跟也摸不着，人影都见不着一个。听说，他没进我们单位之前，因为和原单位一位美女闹得不愉快而离开。

交往过的女朋友数以十计，过去的我都不计较，可江山易改，本性难移，加上他人缘好，同性异性朋友都喜欢和他玩，同事们天天见到他带不同的女孩子出入公共场合。一个星期难得在家吃一顿饭，天天酒桌、KTV轮流转，每天不到12点不回家……”表妹不停地数落着那个他的不是，如一位怨妇。

我没等她说完，急忙喊停，“你们现在连关系都没明确，你就对他这般不满，即使结了婚，也很难会幸福，不如趁早放手。”可表妹听到我说“放手”后，立即反驳，“可我偏偏又喜欢他，咋办啊？真搞不懂，为什么我喜欢的别人也喜欢，无疑增加了他变心的风险啊！”

真是一语惊醒梦中人。是啊，你喜欢的，别人也一定喜欢。不免想到一个女友的老公，当初的他和表妹口中的他几乎是同一类型，贪玩爱闹，几乎没时间陪女友。但女友当时却没表妹这般理智，把对方身上诸多毛病罗列出来，衡量之后再确定嫁与不嫁。而是眼里心里盛的全是他的好，义无反顾地把自己嫁了。

时至今日，五年有余，他们也曾有过幸福。新婚燕尔时，女友的老公确实对她很好，但也如表妹所说，江山易改，本性难移，没多久，他又重归“江湖”，整天陪那些狐朋狗友，就算他不去招惹那些花花草草，那些花草也会来缠着他，他难得有时间陪家人。有时，我想，如果当初女友嫁一个平凡点的男人，没有这么多人喜欢他，或许他会有更多的时间属于她。

我对表妹说，不是你的感情不得善终，只是这样的男人，咱只能欣赏，和他做好朋友吧，他也许会让你的生活多点情趣。真嫁了他，就如你所说，只能抱着脚后跟在家哭了，没准你在家哭的时候，他在和别人欢声笑语乐着呢。好男人，你喜欢，别人当然也喜欢。再好的男人，如果不能陪在你身边，给你宽厚的肩膀，温暖的怀抱，要他何用？久而久之，不满就会堆积成怨恨，以致反目成仇。不如早点放手，做个朋友，站在合适的距离欣赏他！

感谢他的拒绝

感谢你拒绝我。可以让我用一颗纯净的心去迎接另一颗纯净的心。

一位女孩发来一封很长的邮件，我整理如下，希望可以帮助遇到类似问题的女孩——有时候拒绝是另一种尊重和爱护。

她到单位报到的第一天，便对分管她的主任一见倾心。但初来乍到的她不敢示爱，只能每天很俗套地帮他做些力所能及的事，打扫卫生，倒水，叫外卖……把他吩咐的事一丝不苟地办妥。

主任看到她如此勤快乖巧，离试用期满还差一个月时，便提前帮她转了正。另外，还把他的办公室钥匙给了她一把作为备用。她接到钥匙的那一刻，心“咚咚”地跳个不停。一个男人把钥匙交给一个女人，不管是哪里的钥匙，都是有些暗示的吧！这样想着，她开始做起了白日梦，幻想着不久的将来，他会再交给她一把属于他房间的钥匙，再后来，她会是他幸福的新娘。

一天，单位聚餐，饭后，单身的他负责送单身的她回家。到她家楼下时，他停住脚步，她试探地问，要不要上去坐会儿，他委婉地拒绝了。那天，她一夜未眠，不停地在想，他是不喜欢她，还是要做一个真君子。

可从第二天上班开始，他开始有意无意地躲着她。她百思不得其解，如果他不喜欢她，为何对她这么好，给她办公室的钥匙，还送她回家，平时对她亦照顾有加。如果喜欢，为什么要躲着她呢?

忍受不了这种折磨，她终于给他打了电话，厚着脸皮一针见血地问他喜不喜欢自己。他沉思了一会儿说，“喜欢，更欣赏，但不爱。”挂了电话，她一脸的泪。

她想着，既然不爱，再拿着他办公室的钥匙有啥意思，但她终究没还给他。钥匙对她来说，如溺水的人紧紧抓住的稻草，钥匙在，至少还有一线希望，可没几天，他以忘了带钥匙为由，断了她的最后一点念想。

她对工作开始有点心不在焉，甚至想着辞去这份来之不易的工作。但又想，他没结婚，又没有女友，就还有希望。很快，传来他有女友的消息，但经常是维持不了三天，又换了新面孔。

原来，他竟是这样一个滥情的人，不爱她，该不会是兔子不吃窝边草的缘故吧！她心里慢慢释然，辞职的念头连同对他的爱意一并消失，下意识地想与他保持距离，不屑成为他的绯闻女友之一，只想做众多同事中的一个。

前不久，他终于尘埃落定——结婚了。婚礼上，做了浪子最后一站的新娘脸上溢满了幸福。她没有为新娘不是自己而伤心难过，却为新娘担心，他这样一个滥交情人的男人，婚后怎会是一个好丈夫。让她意外的是，直到现在，他依然是一个好丈夫，无可挑剔的好丈夫。

后来辗转得知，他的爱情观是：不对的不会开始，开始后发现错了立刻放手，再找到对的，会一心一意地去爱，至于别人如何看，都不重要，因为，鞋穿着舒适与否，与别人无关。得知这些，她对他是心存感激的。很想对他说，感谢他的拒绝。

对于女孩的感谢，我的理解是这样的，如果爱过，在一起的日子，不管好坏与否，都会让人念念不忘。如果他真是一个滥情的人，她会痛恨自己，当初怎么会看上那样一个人；如果他成为一个好丈夫，她会更恨，恨自己没能抓住，抱憾终生。而不会有现在事不关己的轻松感。爱时有多甜蜜，分时便有多痛苦。没有开始的甜，便没有结束的痛，更不会有念念不忘纠缠一生的回忆。

他拒绝她后，得以让她保留一颗纯净的心去迎接另一颗纯净的心；让她还能以最纯白、最美的面目遇到彼此相爱的人；他没画乱她人生的画卷，让她能尽心描绘出自己想要的风景。

我们只需要 80 分的爱情

吃饭八成饱有益身心健康，80 分的爱情有利于修成正果。

微电影《殇情夜》中，女孩有四段恋情，前三段都失败了，原因大同小异，以男友为中心，一切都围着他转，诸如辞去令人羡慕的工作，疏远朋友，只为他而活。为他改变一切，付出一切，却换来男人无情的背叛。

她用很长一段时间来打理新伤旧痛，她想，再怎么倾心付出，都是被甩，不如让自己高兴点。在第四段爱情来临时，她开始为自己而活，陪闺密逛街会推掉和男友的约会，买自己喜欢的衣服，看自己喜欢的电影，偶尔下次厨房做一两道自己爱吃的菜……如此不全力以赴的爱情，却开了花结了果。

为何会这样？对男人百般顺从，默默付出，牺牲自我的恋情不得善终。而在不委屈自己的基础上与男人相处，反而得到男人的认可与喜爱。这是什么道理？

其实，爱情从来都没有道理可讲。人的时间、精力有限，把心思都花在男人身上，自我的这端没了重量，爱情天平自然而然会失衡。当你倾己之力围着男人转时，你在男人心中的地位就打了折，这不是我说的，是男人。最了解男人的不是他身边的任何一个女人，包括你，而是男性同胞们。

一次，我陪表哥到商场帮他挑皮带，漂亮可人的促销员柔声嗲气地向表哥推荐："帅哥，我们这款皮带是刚出的新款，很适合你哦，现在买，不仅有折扣，还有礼品赠送。"表哥酷酷地说，"不用，我就喜欢正价商品，自己挑就好。"

促销员一脸挫败地转身离开后，表哥摆弄着一条皮带振振有词："这选东西呀，就跟挑女伴是一样的，如果真的好，又何必打折送礼品？这种即使一时贪便宜买了，也是玩玩便扔，合不合适，耐不耐用都不会用

得久，付出少或不付出，根本没有珍惜的必要。”

不怪你做得不好，相反，是因为你做得太多。一个男同事食之太累、弃之不忍、半死不活的恋爱症状，正应了表哥的话。他们马拉松的恋爱持续了将近六年，一直不结婚，但不管扯不扯证，在亲朋好友眼里，他们早已经是铁打的一对。女友对他的好无可挑剔，他若不娶她，等同犯了滔天大罪一般。眼看着身边的同龄男女都结了婚抱了娃，甚至有的娃都上了学，他也不急，谁再怎么催，他都沉默以对。而女友，一心一意死心塌地地爱了他这么多年，半途而废，岂不太亏？且她坚信，他再也找不到比她对他更好的女人，他娶她，是迟早的事。

沉醉在美梦里的她，却不知道，恰恰是因为她的好，压得他几乎要窒息，他才迟迟不敢给她一个名分。一次聚餐，他酒后扭不过大家的逼问，吐了真言："她对我像我妈对我一样好，你们说，我能娶一个妈回家吗？"

我不由得想起《东京爱情故事》中，完治对莉香说："你给的爱太重了，我背负不起！"说者无奈，听者心碎，恋爱本来是让我们轻松快乐的事，当一个人感觉你给予的爱太过沉重时，逃离是一种本能。

支着耳朵如听重大迷案真相的同事们，瞬间沉默，过了一会儿，原本打算责问他的话全变成了安慰："娶老婆是奔着携手到老的，现实生活已够烦够累，不可能再背着包袱"，"万一哪天对她不好，她一把鼻涕一把泪地翻起旧账来，那可不得了"，"幸好没结，结了也过不长，她这般死心塌地。外面诱惑无处不在，男人还不放心大胆地在外面玩，那才叫傻呢？"……

我听后，心惊肉跳，未婚女孩不能对男人掏心掏肺地好，已婚的女人也得改变男人只有喂饱才不会出去吃野食的想法。事实与我们想象的正好相反，人在吃八成饱时，思维很活跃，还能做点事，酒足饭饱后，困倦得只想休息了。爱情亦是如此，你想一直拥有他，就不能喂饱他，他都吃饱了，已没必要理你，吃久还生厌，不跑才怪！

你还需知道，当你在他面前揭开最后一张底牌时，也就意味着，你不再神秘，对他不再有任何吸引力，长此以往，厌倦、离开是必然的，而并非你点背，遇到的男人都寡情薄性。

本性使然，人对无法完全拥有和控制的东西，会更加倍努力争取和

珍惜，对于不费吹灰之力送上门的东西，会觉得没有价值，甚至鄙视。

报刊排版时一般都会留点白，这不是浪费版面，而是为了版式看上去紧疏有致，也为给读者留下思考的余地和歇息的空间。如果排得满满当当，眼睛累了都没地放，只能转放到别处。

因此，女人在恋爱中，坚持不懈要做的工作不是想方设法地对他100% 的好，而是懂得为自己留 20% 的白，努力让自己更优秀，不断地更换、加重底牌筹码，让他觉得你是挖掘不尽的宝藏，继而才会给予你源源不断的重视与珍爱。

每个女孩都要把自己当成公主

每个女人都是公主，即使身边没有王子，至少是自己的公主。不能生活得像个公主，也要有一颗公主般高贵的心。

“街景”是一家开在街边的小服装店，顺路时我会进去逛逛，不顺路绕路也要进去看看。因为，与那个店主甚是投缘，她能收容我所有的喜怒哀乐，如有魔法一般，不管我心情再灰暗，她轻语几声，准能阴转晴。她常和我说，开心了就笑，不开心就过会儿再笑。

记得第一次见她时，是风筝肆意飞舞春暖花开的季节，我苦心守护多年的风筝却被别人牵了去，经历了撕心裂肺的痛楚，一只脚刚踏出伤痛的边缘，那风筝兜转一圈后，却要与我破镜重圆。我犹豫不决，心烦意乱，便去疯狂购物。当我试完第八条牛仔裤，让她拿前面一条给我时，她笑着说，你刚才没看中，再看也不会喜欢，没必要将就，别的款还很多，慢慢试，总会有喜欢的。

因为她的一句“没必要将就”，我们成了很好的朋友。她说，爱情不是他想收就收、给你就要的施舍。对于爱情，想必她是千山万水走尽，才会如此字字珠玑吧！但长着这样一颗玲珑心的女人，什么样的男人才配得上呢！带着小小的好奇，我试探性地问她时，她笑着说：“平常男人就好。”

虽只是平常男人，在平常的生活里却很难遇到。她之前遇到的一个，虽是平凡男人，却是生意人，家里有些闲钱，男人的父母便觉得谁都像冲着他们家的银子去的，若不然，她这般漂亮的女人怎么会看上相貌平平的他？事实上，她看中的还真是他的平凡。她说，女人要懂得自己的高贵，才能自尊自爱；男人要正视自己的平凡，才会不断奋进。

生性要强的她断然结束了这段感情。家境不好，看似柔弱的她，竟然贷款开了这样一家不大不小的服装店，从冷冷清清到门庭若市，这一路走来，艰辛可想而知。我欣赏她的勇敢、坚强、认真和努力。正因为这种欣赏，让我与她从店主与顾客，到好朋友，变成了无话不谈的闺密。

不记得是谁说过，除了亲情，任何一种感情都需要彼此欣赏才能维持长久。那么，作为她的朋友，我无论如何也得让自己变得美好一点啊！一有空，我便喜欢在她的店里待着，听她对来买衣的女孩说，“慢慢试，总有合适的……穿着多漂亮，像个公主呢！”一次，我实在没忍住，笑她推销的话说得太假，哪有这么多公主啊！

她说，“可不是，不管穿什么衣服，每个女孩都是公主，即使身边没有王子，至少是自己的公主。不能生活得像个公主，也要有一颗公主般高贵的心。”

她是街景里的公主，而每一个踏进街景的女孩在她眼里都是公主。而身为女性的我们，更应该把自己当成公主，捧着一颗高贵的心去面对爱情或生活——不将就，认真努力便好。

不爱，就请靠边站

爱我，就对我好，宠着我，顺着我，给我所有我想要的，包括爱和婚姻。不爱我，就靠边站，别挡着别人欣赏我的视线。

若有女孩问，男孩怎么样才算爱自己呢？我会告诉她：不是给大把的钱让你买漂亮的衣服，而是要陪你逛街买衣服；也不是带你去高档饭店吃燕窝鱼翅，而是陪你在厨房里共谱一首锅碗瓢盆交响曲；不是整日甜言蜜语山盟海誓，而是你想到没想到的他都帮你做到，因为爱还是个动词；不是你尽了所有妻子应尽的义务，他却不给你一个妻子的名分；不是……

女人天生就是被男人宠的——爱她，就要宠着她，陪她做一切她所想做的事。更应该在她想有个家的时候，给她一个女主人的名分。因为，女人比男人更渴望婚姻。男人的幸福是有人侍候着，享受生活和美色；女人的幸福是侍候心爱的人，并奉献美色。两者互辅互助，合二为一，才能真正实现亚当和夏娃的梦想，让女人觉得就是男人身上的一根肋骨——不可分离。

此外，还有一个更重要的原因，岁月会让男人变得沧桑、成熟，魅力四射。但会让女人变得苍老，如若缺了爱，会如缺水的花，迅速地枯萎。男人若给不了你需要的水，就请他靠边站，不能挡住别人给你浇水！

对于女人，青春年华转瞬即逝，一分一秒都万分宝贵。如若男人不懂得珍惜你，自己一定要懂得珍惜自己，在需要爱时，找一个爱自己的人。否则，和一个并非全心全意爱自己的男人拉拉扯扯，浪费大好青春，待年老色衰时再去寻觅爱人，就失去了应有的资本。

放眼望去，古有陈世美喜新厌旧，抛妻弃子，原因不仅仅是新欢有权，更重要的是比旧爱年轻漂亮。今有很多老男人娶了年轻貌美的妻子，可是你见过几个花样美男爱上半老徐娘，并娶回家的吗？

一代才女张爱玲就说过，出名要趁早。我在书店看到叶倾城的新书

《不要脸要趁早》，书的内容没来得及细看，但单从名字来看，也颇有道理：趁年轻时，脸不要了，还有人接着，若人老珠黄，想扔，怕也没人会捡了。

一个女友就是很好的例子，她上大学时，爱上一个男同学。那男同学对她若即若离，他们不咸不淡的恋爱持续了七八年，当很多同学都拖儿带女地参加同学聚会，嚷着要喝他们喜酒，那男的却从来不提结婚的事。颇有戏剧性的是，前几天，他突然通知她，他要结婚了，新娘当然不是她。他的婚礼她没勇气参加，却在家里哭得死去活来。可事已至此，哭有何用？

早知如此，何必当初！期间，很多人劝她放手，她就是不肯，并称只要那个他一天不结婚，她就一天不死心。想想，这女人是真傻！一直不提娶她，又不提分手的事，是因为他一时没找到合适的，即在家里洗衣做饭，一心一意对他好，还免费提供各项全能服务的人。

男人天生占有欲强，对心爱的东西，恨不得一口吞到肚子里，随身携带。他要爱你，早把你娶回家，印上属于他的标记“某太太”，哪会委屈你被别人称做老姑娘，还不肯给你一个名分。

现在该知道了吧，不是一定要等到他告诉你，他不要你了，你才肯离开。为这样一个不值得你等的人浪费大好青春，值得吗？因此，女人们，请牢记：他若爱你，就会对你好，宠着你，顺着你，给你所想要的，包括一切的爱和婚姻；他若不爱你，不管你有多爱他，也请他一边凉快去，别挡着别人欣赏你的视线。

女孩要狠点再狠点

狠女孩知道得失之间的取舍，狠女孩敢恨敢爱，并能狠下心去做想做的事，想不幸福都难。

女孩发现男友脚踏两只船后，气愤不已，但又舍不得放弃他。她认为看在他们相恋多年共患难的分上，他最终会选她，同时放言给他，让他尽快决断。没想到她男友在权衡之后，却弃她而去，分手时对她说，“你比她坚强，比她优秀，离开我，还会有大把的男孩喜欢你，你会过得很好。但她不一样，才提分手的事，她便扑在我怀里哭得伤心欲绝，称我是她的全部，离开我，她一天也活不下去。”乖乖，真狠，一哭二闹三上吊全用上了。

后来她才知道，原来他不要她，不是她不够漂亮可人，也不是她不够温柔善良，只因她不够“狠”。

她是一个做任何事都非常爽快的女人，男友当初看上她，也就冲着这一点。并戏言，追着好追，甩时也好甩，喜欢不喜欢都是一句话的事儿。当时她觉得男友是在说笑话，再说，彼时他对她百依百顺，疼爱有加，哪会甩她，自然也没把他那句“甩也好甩”放在心上。可时日不久，就被他一言击中。确实，她不是那种死缠烂打的人，分手就分手，谁怕谁啊？！

她说，男友除了花心之外，算得上一个无可挑剔的好男人，外表帅气，事业有成，体贴入微，言谈间充满睿智幽默。在分手之前，她一直确信自己会嫁给他，幸福一辈子。彼此相爱，就要相信对方，给对方充分的自由，也正是因为她的善解人意，对他不管不问，他才有脚踏两只船的机会，最终弃她而去。

听她说完这些，我在想，如果当初女孩爱吃醋，管紧他，或许不会有今天的结果，又或许在发现他脚踏两只船后，比那个女人手段更狠些，或许会是另一种结局。

这个事例告诉我们，做事狠一点的女孩离幸福比较近。换位思考一下，我也欣赏狠女孩那种心无旁骛、勇往直前的精神，奔着自己理想的目标去行动，不达目的不罢休，总会抓住属于自己的幸福。

一个朋友就是因为不够狠，做事优柔寡断，一直陷在鸡肋式的恋情中不能自拔。分不开，合不拢，痛苦不堪。她和她的男友是大学同学，相恋了几年，也算情深意切。毕业后因工作关系，分居两地，双方都被相思折磨得死去活来，但谁都不肯为对方放弃自己喜爱的工作。每次她看到别的男孩在其女友身边嘘寒问暖时，羡慕不已，便想了断这种空相思的爱情，另寻一份触手可及的温暖。

可每次她向男友提出分手后，男友都如奉圣旨般火速赶来她的城市，想尽办法讨她欢心，女孩心软，看着男友低声下气地求她，于心不忍，没能把分手坚持到底。男友见她回心转意，又放心地回到他工作的城市。一段时间后，旧戏重演。每次都分分合合，合合分分，到现在还守着一份鸡肋式恋爱不死不活地过日子。

我想，如果她能对自己狠一点，放弃自己的工作去男友身边，那么也早得到了她想要的幸福。她要么对男友狠一点，把分手坚持到底，说不定已寻觅到一个她想要的，可以陪伴左右，给她温暖的男人。

有人说，善良的女孩最容易幸福，有人说漂亮的女孩幸福的几率高些，也有人说可爱的女孩离幸福最近。要我说，前面说的都是客观条件，并不是衡量幸福的尺度，性格决定命运，或许只有狠女孩才善于抓住让自己幸福的机会，因为她知道得失之间的取舍，狠女孩敢恨敢爱，知道自己想要什么，不要什么，并狠下心去做。当然，得到幸福是必然，而非偶然。

我们之间，不会再有故事

人与人之间，一旦错过，很难再会有故事。

在茶楼听来的一个故事：

清晨，女孩被急促的闹钟声催醒，窝在松软的被子里伸个懒腰，仍不想起来。近期，她好像一直是这样，晚上不想睡，早上不想起。等稍清醒了一些，听到外面噼里啪啦的雨点声时，她开了门便往阳台冲，但皮鞋已成了水鞋。

那一刻，女孩除了无奈，还有无助。如果不是宁缺毋滥或许会有一个他同住，不会发生这样的事。可快节奏的生活，让她连伤感的时间都没有，她还要在上班前完成老师托付的事，急匆匆地洗漱后，拿把伞就下了楼。

女孩撑开一把淡紫色的伞，走在雨中，却一点也不优雅。女孩马不停蹄地奔出小区，到了广播电台，帮老师拿了征文的获奖证书和奖金。走出广播电台门的时候，心里装满了失落，得知主持夜晚情感栏目的主持人走了，而且走了有一段时间了，她有点不敢相信这是真的。

走了，有一段时间了……女孩24小时开机，办公电话他也知道，QQ、邮箱也都没有变……可他要走，竟然没通知她，她自认自己是他在这个城市为数不多的朋友，他怎么可以就这样悄无声息地走了。

她不曾想到他为何走，去了哪里。最在意的，是他竟没通知她，心里极不舒服——不被人家记起，是件让人难过的事。后来，女孩不死心地拨了电话过去，不出所料是空号，走得这般决绝，必定对这个城市或这个城市的人失望至极。

女孩忽然想到，盛夏的一个晚上一起吃饭时，曾问过他，来这个城市这么久，为什么不换一个本地的手机号码？他说怕麻烦，不管外地的还是本地的，只要想联系，用起来都一样。她当时就觉得，他在这个城市必定待不久，或许留着这个号码是在等某个人拨打。他现在离开了这个城市，号码却换了。

或许他等的那个人等到了，双宿双飞；又或许，等得不耐烦，执意要断掉过往，重新生活……但不管哪一种，似乎都与她无关。

记得当时，女孩还开玩笑地说过，一定要让他换个本地手机号码。他说，就看你有没有这个本事了。再后来，忙，竟然想不起他，想不起来这事。若不是这次帮一个老师去电台拿证书，或许，半年、一年，才知道他的离开。女孩这样想他走时不通知她的事，也应该没有什么不舒服的了。

女孩的故事有点伤感，就像范玮琪在歌里所唱："我们说着报纸上的事，我们说着朋友们的事，从来就不说我们之间的事……在离别时，才看见我们该留住的故事……"

不由得让人顿生感悟：朋友，不常见面，肯定没有常常想念。如若不然，经常想着念着，有事没事都会找个机会找个理由见面的。

我不由得想，很多事，如若当时女孩和他不是热衷于说别人的事，留些时间给自己；抑或都不是太忙，彼此联系一下，女孩和他之间也该发生点什么事吧！或许，不会发生阳台上的水鞋事故。但这都只是如果。

没有如果的现在，说什么都很苍白，而且没有对象可以接收。但若要想让别人在乎你，就得学着先去在乎别人！

爱不能等

在原地等一个人，不如移动脚步去找。

她一直以为，爱是可遇不可求的，即使遇到了，也要等。就像冰心对铁凝说过的那样，“爱要等，不要去找”。铁凝在50岁时，终于等到她的王子，做了幸福的新娘。然而，并非每个人都能和铁凝一样幸运。

她和他相爱时，她读高二，他读高三。一年后，他考上了大学。在送他去外地上大学的车站，他紧紧地握住她的手说，好好学习，我在学校等你。她拼命点头，幸福的泪水流了一脸。

高三最后一年，她发了疯一样地学习，人瘦了，成绩上去了。在众人惊奇的目光中，本来成绩平平的她竟然考上了他所在的那所大学。很多人为之不解，包括她父亲，怎么一向调皮的女儿竟这般拼命地学习。

不过，她却没能踏进有他的大学校园。因为，靠土里刨食的父亲交不起昂贵的学费，她亦不忍看到独自抚养她长大，一辈子清高的父亲低三下四地去求人借钱。她偷偷地，一个人踏上了南下的列车。她想着，等她赚了钱，再去读大学应该也不迟。

她像空气一样从人间蒸发了，谁也找不到她，包括她父亲，只知道她生活得很好，会定期收到她寄的钱。他发疯一样地四处寻找她，甚至每个星期都坐长途车去她家定点守候。那时，一向是乖学生的他学会了抽烟喝酒，人和成绩不停缩水。他甚至想，不读书了，把整个地球翻过来，也要找到她，问她为什么不辞而别。

在南方打工的日子，艰辛可想而知，同开始她只能做流水线上的工人，工资不多，上班时间很长，即使这样，她依然挤出时间报了各种培训班，每天生活得清苦，却很幸福。她想，一边打工存钱，一边学知识，到时若上不成大学，有一番成就，也能配得上他。

在他大学毕业的那一年，她觉得是时候回去了。因为，通过努力学习，她已是那个公司的中层领导。辗转找到他的联系方式时，她握着

11 位数字的纸条哭了起来，是激动，她梦中千万次梦见的场景终于要变成现实。

她见到的不止是他，他旁边还站着一位和她神似的女孩。一顿饭吃完后，她像做梦一样，失魂落魄地回到家，像纸片一样飘到床上，才想起他说，找了她很久，那时候他很颓废，没办法上学，是那个女孩帮他度过低谷期。她找不到可以与他患难与共的人争的理由。

在他结婚那晚，他打电话给她，一个大男人竟哭着埋怨她，为什么这么多年不联系他。其实，这么多年来，他一直爱着她，一直找她，只是找不到,便以为她不爱他了而故意躲了起来。她握住听筒哭成泪人……再爱，也不能光等，更要争取。

庆幸只是分手，不是离婚

所谓的乐观，得了咽炎，却庆幸不是前列腺炎。所谓的乐观，只是分手，庆幸不是和他离婚。

爱情就像块烫手的山芋，开始被其散发出来的香味所诱惑，一碰到，恨不得马上就入口为快，事实上——拿到手里时，觉得太烫下不了口，左手换右手的倒腾凉后，也没了吃的欲望，一句话就是“瞎折腾”。

一个闺密和男友就是这样，开始，他爱她，爱得那叫一个情真意切，她对他却不理不睬，当时光慢慢剥去她的疑虑，待她爱上他时，他却说累了，没心劲儿爱了。

可心里一旦有了喜欢的人，其他人再也入不了眼。像张爱玲说的那样，把自己低到尘埃里，可还是等不来他的一次回眸，在闺密将要绝望时，他却回了头，说，让我们重新开始吧！兜兜转转之后，还是只对你有感觉。

闺密欢天喜地，觉得他经历了几多女人和几多感情之后，会更加珍惜她，于是，对他百分之一百二的好，可在一起不到两天，他又说，怎么找不到以前对你的那种激情了，没激情在一起有什么意思，还是分开吧！

两年前，他说分，她说好。两年后他说合，她又说好。如今，他又说分，她依然只能说好。可是，就算不忍让，又能怎样，爱情强求不来，只能怪自己遇人不淑。

我跟着闺密一起郁闷时，看到朋友老李上线，其换了新签名：所谓的乐观，得了咽炎，却庆幸不是得了前列腺炎。我不由得笑了，想想，这个老李还真可爱，啥事都能自娱自乐。

想到这儿，我觉得好玩，就顺手把自己的签名换成：所谓的乐观，只是分手，庆幸不是和他离婚。并打电话通知闺密看我签名，并跟她说，分手也不是什么坏事，遇人不淑，这不淑之人不要也罢，早分手，早开始下一段幸福。

其实，想想，不就是分手吗？有啥大不了的。毕竟现在是两个锅里过日子，不用分割家产，争夺或推诿孩子的抚养权，再伤就伤点心，时间这个不要钱的药自会医好伤的，想想多划算。要真等结婚后再离，麻烦大了，打个不恰当的比方，像你去商场买衣服，试穿时，怎么折腾都无所谓，浪费点时间精力而已，真要掏钱买回家后，再觉得不合适，要退货可没这么容易，就变成劳民伤财的事了。

之所以这样说，是突然由此想到去年邻居家发生的离婚闹剧：一邻居大嫂带着孩子出差归来，在床上发现了不属于她的发丝。虽然这大嫂已三十有余，但骨子里传统清高的她，受不了这委屈。她不哭不闹，直接要求离婚，任哪个来劝说，让看在夫妻情分或者孩子的面上都没用。大嫂的老公最后没办法，只得同意离婚，毕竟他有错在先。

但离婚可没有分手那么简单，带走各自的东西各奔东西，孩子爱跟谁跟谁不就得了。他们不仅争夺孩子的抚养权，更在为数不多的财产上纠缠不休，甚至大打出手。大嫂的理由是，错在对方，财产应该全归她。她老公却说，凭什么自己辛苦挣的钱要给她，再说离婚又不是自己提出来的。后来谁也说服不了谁，天天没完没了地闹。

结果拉拉扯扯半个多月，婚没离成，俩人都老了十几岁似的，孩子成绩也急剧下降，整天不说话，如得了自闭症。他们自己受伤还不算，天天吵来吵去摔东西，弄得邻居们都不得安宁。想想，这两口子那叫一个能折腾，何止劳神伤财，还扰邻。

婚没离成，大嫂暂时只能睁只眼闭只眼过，这样的状态，不吵架已很好，甭谈幸福了。就算有一天，大家闹烦了，其中一个作了让步，离成了，大嫂没准还得带着个“拖油瓶”，身价倍跌不言而喻，幸福在哪里，真的很渺茫啊！

闺密听到这里，吓出一身冷汗，很庆幸自己和男友只是分手，而不是离婚。

她想开后，没多久，便找到一个喜欢她，她亦看着顺眼的男人，过着虽平淡却安宁的生活。而那个和闺密分手的他，依然在不同的女人之间寻找所谓的激情。

闺密说，真的应该感谢他，如果当初，他不回来找她，她还会心存

幻想，寻寻觅觅，眼里始终进不了别的男人。或许和他一样，依然单身，期待他最初曾给过她带着近乎痴狂的爱，又或许，即使结了婚，心里依然装着他，爱着他，恋着他，婚姻亦不会幸福。试想，他最后要分手时，她若不依，一哭二闹三上吊，他被迫无奈要了她，寻不到激情的他，心在曹营心在汉，生活也不会幸福，怕是原来的分手会变成如今的离婚。让邻居家的旧戏重新上演。现在想来，真是庆幸和他分了手，而不是离婚。

听闺密感叹完，我也跟着感叹一句：女人啊，失恋时千万别再想着“离开谁活不了”。只要你愿意，往前走，终会柳暗花明，会有一新村等着你呢！

镜子破了就扔掉，男人走了就忘掉

男人既然说出分手，定是对你已无爱意，再回来找你，不管是何目的，但都不是爱。

人人都以为，破镜重圆了，该是皆大欢喜的事，可我却觉得这事玄。好好的镜子，你把它摔破了，但又觉得可惜，然后再圆上。即使你技术再高超，把破碎的镜子重新圆好了，也仅仅是形状，痕迹你能完全消除吗？其中被伤害的那个人呢？

尽管你之前舍下千金之躯，为他下厨做饭，为他洗衣暖被，浪费了大好青春，却只能换来他无情的嘲弄。你心灰了，意冷了，开始决定抛弃过去，好好为自己活着的时候，那个曾经抛弃你的男人，又打电话过来求你原谅他，说那只是一时糊涂，他还是爱你的，甚至不惜以男人不轻易而流的眼泪来博取你的原谅。既然他肯放下面子为你流泪，至少他应该是爱你的吧？这样想着，你心软了，于是破镜重圆，你和他重归于好。

殊不知，他回来找你，不是爱你，也并非想和你重归于好，再续情缘。他只是习惯了被人伺候，贪恋你做的饭，怀念一种温暖如家的感觉。他也知道，这世上并非每一个他喜欢的女人都会和你一样爱他如命，甘心情愿为他奉献一切。

破了的镜子，任谁再巧夺天工，修补好了仍是会有裂痕的，哪天一不小心，只要轻轻一碰，又会破，且比以前更碎，让你找不出一点当初的样子。

日子又回到原来的样子，你日日操劳，他仿佛活得比以前更开心了。怎能不开心，家里有一个，外面无数个。当有一天，外面有个厉害的非要搬来与他同住时，你又成了他选择分手的对象。当他受不了那些女人的趾高气扬时，又会负荆请罪来找你。于是，旧戏轮番循环播放，没完没了……

一个女读者就是这样，是学校里公认的校花，人长得漂亮，家世又

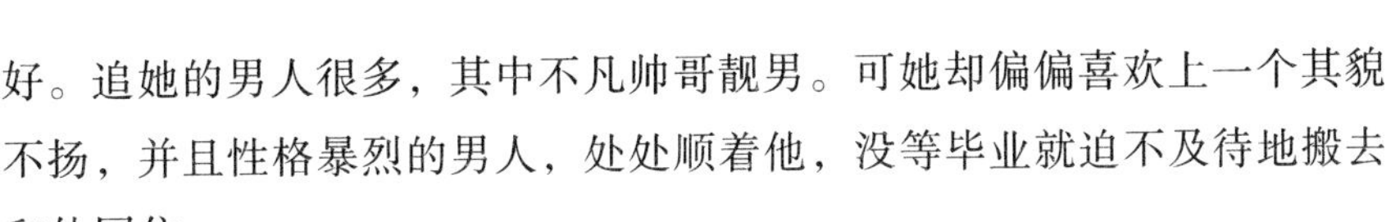

好。追她的男人很多，其中不凡帅哥靓男。可她却偏偏喜欢上一个其貌不扬，并且性格暴烈的男人，处处顺着他，没等毕业就迫不及待地搬去和他同住。

他家境不好，她管了他吃喝，还帮他交学费，被父母骂“倒贴”，可她却铁了心跟他。恋爱中的女人，傻起来真是惊天动地啊！

可是男人终究还是不要她了，说她是大小姐，什么都不会做，还挥金如土，怎么会过日子，做一名合格的妻子？她把嗓子哭哑，眼睛哭肿，他还是让一个小家碧玉型的女人住进了他们的房子里。小家碧玉什么菜都会做，却不做给他吃；花钱虽不挥金如土，却嫌他没钱，没多久，就离开了他。

于是，他便想起她的好，厚着脸皮求她回心转意，她看着心爱的男人低声下气地求她，心一软，又原谅了他。自以为经过这次教训，男人能和她天长地久，相伴终生。

一天，她去买菜的路上却看到他揽着那个小家碧玉进了酒店。她想哭，却没有一滴泪可以流。原来，他回来找她，只是想用她的钱去养别的女人。回到家，她准备和他摊牌时，他竟然给她带了礼物，对她流露出前所未有的温情蜜意。她沉醉在梦想中的爱情天堂里，终是没说出指责他的话，她要的就是他对她的好，其他的不重要。

就这样，男人更加肆无忌惮，从晚归，到不归。她爱他，舍不得和他分手。本想世间怎会有如此可恶的男人，也觉得那女人可怜。仔细一想，女人若有点骨气，能让男人说破镜就破镜，说重圆就重圆？

男人既然说出分手，那肯定是对你已无爱意，再回来找你，不管是何目的，但都不是爱。镜子破了，就扔掉吧！男人走了，最好忘掉。

女孩，还是俗一点好

男人娶老婆，多半会选择充满烟火味的俗世女人，鲜少有人愿意冒险高攀“仙女”。

有一次，我坐火车去合肥时，和旁边的女孩闲聊。她说，现在男人不知道都怎么想的，女人贪钱的觉得贪钱了，不贪钱的又觉得不适合生活。

我问，怎么了？她说，她刚分手不久，原因竟然是：“不是你不好，就因为你太独立，连吃饭都抢着付账，我在你面前活得不像个男人。”

她说，他经济上拮据，为他分忧，有什么错？难道不用男人的钱也有错？最巧的是，回到宿舍时，她刚推开门，就看见室友抱着她钟爱的布娃娃哭得一塌糊涂，两眼肿得跟桃子似的。看这阵势，不用说，室友的恋情也出了问题。

我说，你们还真是好朋友，失恋都一起。

女孩说，可不是，在这之前，她和室友都有一个称心如意的男友，不同的是，她们两个人在对待男女朋友，该花谁的钱这个问题上有分歧。室友坚持不管买什么，只要他们在一起，就一定要让男友掏钱，说女人就是用来疼爱的。爱的具体表现，就看男人舍不舍得为女人花钱。并说，“如果一个女人大到房子，小到丝袜都是自己出钱买，这个女人一定很寂寞。我有男友，才不要做这种寂寞的女人呢！”

当时，女孩对眼前这个爱“财”室友一箩筐的大道理嗤之以鼻。并称，真搞不懂，室友平时在朋友中间，花钱还算蛮大方的，在爱情里咋变得这么小气了呢。

女孩说，男友本来家境就不太好，又刚工作，她家庭条件好，在经济上稍宽裕，一般什么事，她都坚持出钱，也不让他给她买贵重的礼物，只要他真心对她。

我问，难道他从来不提付账的事吗？

女孩说，男友也抗议过，说他的钱就是给喜欢的女孩花的。可是她

坚持自己付账，并称反正结婚后钱是要在一起用的，现在谁出钱不都一样嘛！其实，她是知道他家里需要钱，想帮他省点。两个人若是真心相爱，谁出钱都无所谓啊！分手后，她才恍然大悟，原来“谁出钱”这个问题真的很重要。

分手过后的一段日子，在室友盯着她男友送的某件衣服或饰品暗自伤神，独自掉泪时，她庆幸她当初还算明智，没要他的礼物，至少不用睹物思人。

可是到现在都想不通男友为何会弃她而去，她所做的一切可都为了他好。越想不通，心里就越难过，越为自己的倾心付出感到不值，觉得连他这样的木讷男人都能变心，况且她对他这么好，这世上的男人再没有可靠的了，以致让她对男人和爱情都产生了绝望。

我说：“这点事就让你对爱情和男人都绝望啦？有时候，女孩也要适当花点男孩的钱，给他面子，也让他有努力工作挣钱的动力嘛！你想，他努力工作挣钱是想让心爱的女人开心，你一分钱都不花他的，让他情何以堪啊！”

她说，也是，后来她前男友有了新女友，室友却和男友和好如初了。并对她说，别难过，相信终有一天，会有能理解她苦心的好男人出现的，不过这清高的风范倒是要改改了。因为，室友的男友最初觉得她室友太爱财，才提出分手，后来想一下，他娶的是老婆，就要充满烟火味，是一个俗世女人。

我说：“你室友说的有道理呢，男人大多都要面子，不为别的，纯粹为保留男人的面子，就花点他的钱怕什么！”

她说：“是啊！彻底想开了，女孩子就应该俗一点，清高有什么用，能吃能喝，还是能挽住心爱的男人不离自己而去？”

我笑而不语，知道她是真的想开了。

如果你愿意

我们也应该顺应这种生物防御本能，把生活中让你不快乐的人都擦去，去寻找抑或留下让你感觉到快乐的人。

爱情像块散发着香味的面包，横在我们成长的必经之路上，从没有人能抗拒它的诱惑。但多半人都不谙吃法，一顿狼吞虎咽后，不得其味，碰到劣质的，还会吃坏肚子。心理兼肠胃功能好的，便接着吃；不好的，任其再美味，也不敢去尝了。

其实，只要你愿意，不管你心理和肠胃功能好不好，都能吃到美味的爱情面包，重要的是在尝试中学会舍弃，懂得把握。

某种面包看着再美味，也要去尝，再决定是否适合自己吃。你爱上一个人，不能因为他是你的梦中情人，就非他不要。这是不对的，人人都喜欢人民币，但银行并没有义务发钱给我们。总要看对方乐不乐意，不喜欢，你要优雅地离去，喜欢也并非一劳永逸。

或许某天，他或是你，发现不对胃口，失恋便不期而遇。这时，只有放手——变了质的面包，吃了只会有害无益。失恋，伤心难过在所难免，只是，要懂得如何减轻这种痛苦，减轻这种伤害。

如果你愿意，你可以把他当成不小心闯入你生命画卷里的一个多余的人，在不伤害其他景观的前提条件下，用橡皮轻轻地把他擦去。痕迹或许一时还在，但时间是神奇的药水，它会让旧痕消失，任你用笔重新补上想要的风景。有人会说，明明曾是朝朝暮暮相伴，或患难与共的爱人，怎么可以用橡皮就轻易地把他从生活中擦去。为什么不可以？每个人的人生都掌控在自己手里，你的人生画卷想怎样擦擦画画，岂不都随你的意？

如果你愿意，可以把有他的一页直接跳过，重新开始新的生活。即使是他离开你，也没必要难过，你该庆幸他给了你一次重新选择的机会。只是下一次选择时，不需要你眼观六路，耳听八方，只要你用心感觉他

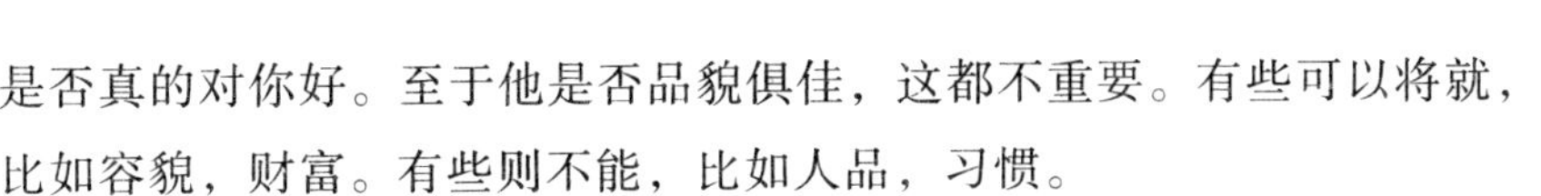

是否真的对你好。至于他是否品貌俱佳，这都不重要。有些可以将就，比如容貌，财富。有些则不能，比如人品，习惯。

如果你愿意，以后的日子，带块橡皮生活吧，不管有无爱情！有，就好好珍惜，擦去猜忌和怀疑，留下宽容和理解，力求让爱情这块面包不变质；没有的，也带块橡皮，把心上的灰尘擦干拂净，用一颗纯净自然的心去迎接另一颗纯净自然的心。

人既然是一种生物，就必然有延续种族的天然宿命，好的基因都应该被保留下来。我们也应该顺应这种生物防御本能，把生活中让你不快乐的人都擦去，去寻找抑或留下让你感觉到快乐的人。

如果你愿意，这样，不是很好吗?

正因为不美，才要努力趋向美

不管生得美不美，都要努力趋向美，对自己，对生活，对梦想都应如此。

镜子不会骗人，如闺密般可靠，但闺密不能随身携带。所以，把闺密送的镜子放在随身的包里，当成闺密。镜子的颜色是我钟爱的淡黄色，它小巧精致，握在手心，如半弯弦月，每次对着镜子，脸如被撒了层光般晶亮如月。心情再坏，对着它微扬嘴角，好心情也会从面部蔓延至心底，扩散到每一根神经。

我每天用镜子多少次，便会想起她多少次。那个聪慧的女人，轻而易举地用一面镜子霸占了我的心房，再如镜子般每天一点一滴融进我的生活。她的包里，亦放着我送的镜子。我们天各一方，却被两面镜子紧紧牵系着。

曾经，我和她都不是爱照镜子的女人。因为，都生得不美，我长着一张胖胖的面包脸，曾戏言怕镜子装不下。而她，脸上散落着星星点点的雀斑，怕看了眼花。这些当然都只是借口，爱美是女人的天性，而镜子是证明美的工具。我和她却不愿揭开自欺欺人的面纱，终不肯正眼瞧镜子，如两片沉静的含羞草，在无人时，才小心翼翼地睁开眼睛，偷偷地瞟一眼缤纷多彩的世界。是镜子，把我们隔在花红柳绿之外的狭小空间里，守着自卑，兀自悲伤。

不知从何时起，她开始喜欢照镜子了，边照边独自发笑，满脸雀斑的脸因有了笑容而变得生动起来，那一刻，我甚至觉得是雀斑让她看起来更加可爱。她每次照完镜子，都会怂恿我说，人会越照越美的，若不然，美女们怎会都爱照镜子。我拼命摇头说，除非哪天我整了容，才有勇气面对镜子。

我一直不懂拒镜子千里的她为何会突然爱照镜子。直到后来，她带着一个英俊的男人来见我，我才恍然大悟，是爱让人变得勇敢。那男人

走后，我说“女为悦己者容”，劝她赶紧去美容院用激光把雀斑去了。她笑，为什么要去？在他眼里，那些可都是一闪一闪亮晶晶的美丽星星，那么美，那么亮。若是他有所挑剔，只能说爱得不够。

原来，有了爱，什么都不重要，想想也是，我从来没因她的雀斑而减少对她的喜爱。喜欢一个人，就会喜欢她的全部，包括她的雀斑。

没多久，她跟随着那个男人去了他的城市。她走时，按照她的意愿，我们互送了一面镜子。

很久之后，我才明白她的良苦用心。身为女人，都应该有一面可心的镜子，如同不可缺少的闺密。看到美的，会称赞激励。发现不足，会催你尽快改进。因为，她们会让你懂得，不正视自己，永远不会珍视自己，亦不会赢得别人的珍爱。不管生得美不美，都要努力趋向美，对自己，对生活，都是如此。

做个“水性杨花”的女人

水不动，只是一潭死水，如同随时会被蒸发的水珠。花不扬，与摆设无异，到凋谢也没人发现她的灵性。

按照《辞海》的解释，“水性杨花”是指性情行为像水一样流动，像杨花一样摇摆不定，在旧时用来形容用情不专、作风轻浮的女子。其实，这有点牵强附会，在现代人眼里，水性杨花已不再是贬义，而是对女人的一种极致赞美。

水的特性是单纯、柔顺，适应性、可塑性强，见弯就绕，遇缝能流，可凝固成冰，可潺潺成河，能顺流而下，亦可逆流而上——女人如此，已附上神性。无论在古代的战场，还是现在的职场，以柔克刚都是屡试不爽的妙法。

人们常常把女人比喻为是水做的，说女人的天性像水一样柔顺、灵动、透亮。柔和的女人谁不喜欢呢？无论外表多么精明强干的女人，都会有柔情似水的一面。女人在她爱的人面前，如水一样柔顺，乖巧，可人，纯净。任何对她的轻视，都是一种亵渎，女人又天生是爱的奴隶，一旦倾心，会全心全意无怨无悔地付出，从不任意索取，如同张爱玲，遇上胡兰成那样一个浪子，她却愿意为他低到尘埃里去。而水性的女人，又是善良的，在不计回报、倾心付出的爱情里，胡兰成没能珍惜，又有了别的女人，而她只是轻轻地叹，离开他，她只是枯萎了，亦没有说他半句不是。这是水性女人最好的诠释。

水做的女人是最纯粹的女人，而达至杨花境界，则是女人的极致。

我本人就是个有花不敢扬的主。每次看到女人穿着吊带裙从身边袅袅飘过时，便心生羡慕。但十分清楚自身是唐朝美女的典型，生怕这一身肉要是露出来，刺伤了现代看惯了骨感美人的眼睛。

在我买回中规中矩的长裤长衫时，女友经常同情地说，真是枉为女人，胖不是你的错，不敢露出来就是你的错，女人是这个世上最美的风

景，女人的身体更是一件无可媲美的艺术品，你如含羞草一样全藏起来，让人怎么欣赏你的美?

说实话，这样自信、光艳照人的女人，连同为女人的我都喜欢，何况男人。怪不得，她人缘如此好，左邻右舍，但凡认识她的，只要不是封建思想根深蒂固，吃不到葡萄就说葡萄酸的，虽然在心里或多或少都觉得她有点水性杨花，但都还是喜欢和她交往。看着养眼，交往起来舒心、快意。她家老公拿她当个宝，连她的宝贝儿子都在小伙伴那里炫耀“有个漂亮的妈妈”。人缘一好，办事也方便，所有烦心棘手的事，到她手中都能化繁为简，轻松搞定。

想来也是，做个水性杨花的女人多好啊，利人又利己，美丽自己，同时愉悦别人的眼睛和心情。

作家虹影就主张做个水性杨花的女人。她回答好友马兰“你喜欢什么样男人”的答案是“床上功夫和床下功夫都好的人”。也许是因为这话太大胆，马兰对虹影用了四个字来概括：水性杨花。当有记者向虹影提出对“水性杨花”怎么看时，她不仅不回避，反而大大方方地向女性发出号召——做女人就应该水性杨花。

多么性情、时尚的女人，只有这种女人才能领悟做女人的真谛！做一个水性杨花的女人，不仅要具备外在的气质和内在的素养，还需要有足够的智慧和勇气。

水不动，就只能是一潭死水，如同一滴随时被蒸发的水珠。花不扬，与摆设无异，恐怕到凋谢也没人发现它的灵性。水的流动更能突现出水的特性，扬花轻舞就更是一种女人的极致。

爱情解药，有点贵

以哪种方式来见证爱情都没错，最重要的是要爱对了人才行。

说一个有关通话详单的故事：

在她书桌的第三个抽屉里，整整齐齐地躺着两叠话费详单，总共26张，其中13张话费单，13张短信单。详单上出现最频繁的号码全被她用红笔画了横线。其实，不画线她也一眼能辨认出那个熟记于心的号码。

前男友和她不在一个城市，平时联系也只能靠电话和短信。每个月，她都会准时打印出话费详单。在没有他相伴的日子里，她喜欢躺在床上，拿出来，细细地品味，回想详单上某天某时他说了哪些话，把这些话费的单据当成相思的解药。

一次，他出差顺便来看她，晚上，她忍不住想在他面前显摆，拿出一叠话费详单给他看。他瞪着一叠他以为是废纸的话费详单问道："你留着这个做什么？"她自然不想让他知道她的小秘密，开玩笑地说，"等哪天分手了，找你报销，我还可以发笔小财呢。而且，这个可是证据，证明我们有多相爱，你看上面差不多都是你的电话呢。"

就是因为她这些自以为爱情的证据，他离开了她。

任她在电话里哭得伤心欲绝，他也不为所动，最后索性换了号码，她不死心地拿着存了一年零一个月的话费详单去了他所在的城市。他看到她拿着一堆话费单找他，没等她开口便说："原来你真的这么工于心计，这么懂得算计。算好了没？我加上利息一块儿给你，从此两清。你以后别来烦我了。"当她还不敢相信地瞪着他发呆时，他又嘀咕了一句："亏得分手了，要是结了婚，整天查我的话费详单，日子还怎么过呀！"

她拿着那一叠整齐的单据，绝望地夺门而出。原来，他这样看待她，在他眼里她不过是一个精于算计的滑头女人，亏得她看清他的真面目及时脱身。

回来后，她就把这些惹是生非的详单放进了书桌的抽屉。她错把它们当做爱过的见证，相思的解药，为此付出的代价竟然如此昂贵。

一日，在街上，她看到他边看手里的话费详单边微笑，差点撞到迎面而来的她。当他抬头看到她淡定的表情后，仓皇而逃。

直到现在，她依然有保留话费详单的习惯。不过，是把两个人的放到一起看，她指着详单对老公说："我的比你的多，我爱你比你爱我多。"此时，老公会给她一个深情的吻。

看完这个故事，你有什么想法吗?

我的想法是，以哪种方式来见证爱情都没错，最重要的是要爱对了人才行。正所谓"情人眼里出西施"，他爱你，懂你，你怎么样做，他都会觉得很好。一旦不爱了，那么看哪儿觉得哪儿碍眼，你做什么都是错的。

选男人，重人品更要看床品

选男人，从床品开始——尊重你，尊重他自己，能为你们的隐私加密，对你们的隐私负责。

前几天，我和老公教的几个大学生一起吃饭。中途，我去洗手间时，有一个女学生悄悄跟了过来。女孩欲说还休地问，恋爱中，或者以后结婚，对方的什么条件是首要的，或者必需的呢？

我看着一身名牌、举止优雅的女孩，再回想着坐在她身旁衣着普通、相貌英俊的小伙子，已知道女孩正在爱情与现实之间徘徊，犹豫不定。

钱她已有了，显然不需要。从相貌上甚是般配，典型的帅男靓女。于是只能告诉她：人品，责任，对你好。还有最最重要的“床品”——床上的表现如何无所谓，只是别不分轻重地宣扬。

破折号之后的话我当然没和她直说，只和她说了某女星前夫在离婚后，突曝两人最后温存的新闻，还把温存的时间地点交待得一清二楚，并透露该女星曾在其父母面前下跪忏悔的事。该女星离婚后目前仍是单身，我不敢想象，如果她再婚，她的前夫再弄出他们过往的“床上新闻”，让她和她的另一半情何以堪？

床上的事，只限于在关上卧室门的夫妻之间传播。家务事，最好也就自家人一起八卦一下家长里短。这些私密的事，放在正常的范围内传播，无非都是些生活琐事。一旦被曝光于大庭广众之下，生活琐事就成了隐私，等同被扒光了衣服裸众，正常人都难接受。

有人说，选男伴，要么多金，要么很爱。现在我想说的是，没有爱、没有钱都可以，两个人搭伙过日子，无爱少计较、少烦恼，没钱一起挣。但挑男人，一定要挑个有口德的，无论何时何地，都要确保爱侣的私生活信息安全。

生活幸福的标准，最起码的要心安。试想，再有钱，再相爱，若摊个没床品、无口德的男人，女人随时随地都要担忧可能要被曝“艳照”，

大曝床事细节。终日心慌意乱的，有何幸福可言？

往最好的想，你们能白头偕老，他顾及自己的面子，也不会曝你们的隐私。但也得做好最坏的打算，因为世事难料，万一哪天谁看谁不顺眼，或是小三插足，必须分开。那分开后的日子，势必还得受他的牵制，稍有不顺，一句“我曝你隐私”，便会让你立刻乖乖噤声。

一旦成了任何一人的傀儡，就很难再有追求幸福，得到幸福的机会。这样说并非危言耸听，林子大了什么鸟都有，碰到上述女星的前夫这样的男人，也不是不可能。或许你会说，女人凭什么就该如此软弱，他曝你的隐私，你曝他的，看谁猛？事实不是这样的，狗咬了你一口，你不能再去咬狗，而是吃一堑长一智，赶紧去打疫苗。继而擦亮眼睛挑男人，从床品开始——尊重你，尊重他自己，能为你们的隐私加密，对你们的隐私负责。如果再有钱有貌，就会是锦上添花。

好男人，懂得把诱惑关在门外

了解一个人，不能通过任何一种渠道，只能用心去感触。

遇见他时，她已 28 岁。他比她年长两岁，是一家公司的经理，才华横溢，30 岁的人笑起来仍像个孩子般稚气。他是她想要的男子，他对她亦一见倾心。

可在他们交往没几天后，关于他的信息便铺天盖地涌进她的耳朵。说他是有名的浪子，经常带不同的女人回家，怕是不尝尽天下美色不罢休，要不然，条件这么好，怎么会 30 岁了还没有固定女友？手机天天像热线一样忙。

她听后，心顿时坠入谷底。她这才想起，他的手机经常占线，特别是晚上。但这么多年来的痴心寻找与等待，让她深知找个相爱的人不容易。她不想错过。

再见面时，她问他，这一切是不是真的？他听后，不停地吸烟，也不说话。当着她的面，从口袋里掏出手机，取出卡，扔了出去。

顿时，那些传言的乌云一消而散。她的心如雀跃的鸟儿般跳个不停，是感动。一个男人能为一个女子断了所有的牵绊，除了爱，还能是什么呢！

但手机里突然少了他的嘘寒问暖的短信，她觉得不自在。他在她的软磨硬泡下买了一张新卡。日子恢复了往日的甜蜜。

奇怪的是，买了新卡之后，他的手机每天下班后准时关机。她说不许再关机，找他不方便。他笑着说，那我天天找你不就行了吗！她不想做追根问底的女子，没多问，仍满心疑惑。

日子越久，她心中的疑惑越重。难道他旧病重犯，天天晚上和她分手后，带了别的女子回家，怕被打断良宵……一连串他拥着别的女子暧昧的镜头在她脑海里闪过，不停地折磨着她，即使这样，她也不可能再像当初那样拿那些怀疑他的话去问他，她怕伤害他。

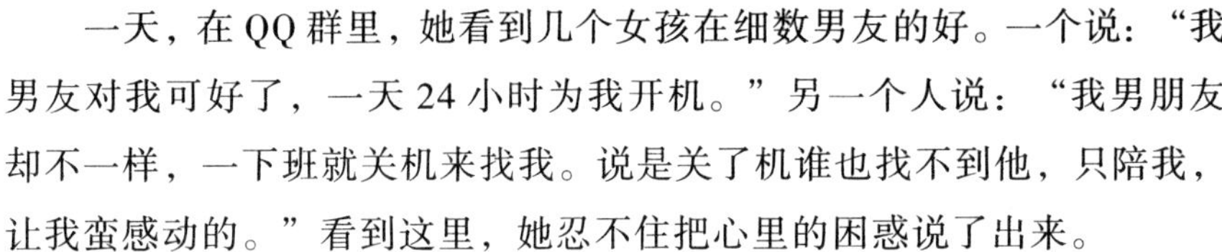

一天，在 QQ 群里，她看到几个女孩在细数男友的好。一个说：“我男友对我可好了，一天 24 小时为我开机。”另一个人说：“我男朋友却不一样，一下班就关机来找我。说是关了机谁也找不到他，只陪我，让我蛮感动的。”看到这里，她忍不住把心里的困惑说了出来。

很快就有人说：“爱情这种事，是需要单枪匹马上战场的，谁也帮不了你。猜测不好就会后悔一生。这样苦恼地猜测不如去问个清楚。相爱有什么不能说呢？你若不问，他要知道你胡乱猜测，对他不是一种更大的伤害？”她想也是。

第二天，他下班来接她时，她问他，你关机，是关别人，还是关我？他听后一愣，很快便笑着把她揽入怀中说：“傻丫头，当然是关别人，关你还来找你干嘛？要知道，再好的男人也禁不起诱惑的。”她听后，躲在他怀里幸福地笑了。人总是这样，把原本简单的事想得太复杂。

从那以后，她每天晚上入睡前，都习惯性地拨打他的电话，每次听到一个温柔的女声机械地说“你拨打的电话已关机”时，幸福便溢满心底。要知道，有一个男人专为你关机，如把所有的诱惑都挡在外面，把所有的爱都留给你，是一件多么让人幸福的事啊！她庆幸当时自己的选择。了解一个人，不能通过任何一种渠道，只能用心去感触。

真爱，来的时候总是有点慢

别急着抵达终点，过程也是关键，很多时候，正是那些琐碎的细节，才最值得纪念。

快节奏的生活，让很多人讨厌等的感觉。而我很喜欢，甚至有点享受。比如，我喜欢洗净米放进锅里慢慢地熬，开锅后加入花生、莲子、红枣等，不多时，散发着谷香的粥即可入口，温润，黏香。

而不是拿着银子到快餐店，要一碗粥——水是水、米是米的粥。你或许会说自己煮粥浪费时间。其实不然，煮粥的时间，你可以做很多事，比如看书，听歌，给花浇点水，收拾家务都可以。

去快餐店，再等人家做好端上，吃完回家，也都需要等的时间，区别只在自己动手和坐享其成而已。

我觉得，坐享其成是很没意思的一件事，比如知道一部电视剧的结尾后，就很难津津有味一集不落地看下去。没必要那么急着抵达终点，过程也很关键，很多时候，正是那些琐碎的细节，才最值得纪念。

可很多人都没有耐心按部就班地生活，总急于提前知晓结果。前几天，一个大龄女读者向我诉苦，和一个相亲的男孩不咸不淡地处着，她急于知晓对方的态度：喜欢与否。偏偏对方是个慢热的人，她心里七上八下的。她说她年龄不小了，陪不起他这样耗时间。

我问她，喜欢在网上购物吗？她说无比喜欢。问其原因，除了方便和实惠，没有什么让她如此热衷于网上购物。她说，“收到快递时那种喜悦。拍了件心仪的衣服，付过款后，开始期待衣服的到来，不时地想象着衣服穿在身上好看与否，而想象力会给人带来无限美感。”

是啊！等待的感觉竟然如此曼妙！用吊在青春尾巴上的美好年华，试着去了解有可能会是相伴终生的爱人，又谈何浪费？

如果刚认识，他就说如何喜欢你，要与你谈婚论嫁，肯定不靠谱。他与你慢慢相处，说明想进一步了解，好感肯定有。你这般紧张，说明

也有好感。彼此有好感的相处，这不很好吗？没必要去争一个明确的答复，事实比任何话语都有说服力。

试想，就算他给了你明确的答案“喜欢你”，仍然是彼此有好感的两个人在一起，有何区别？不如给彼此留一点美好的念想，让一颗等爱的心，慢慢地去贴近另一颗等爱的心。

Part 2

夏之爱情靓汤
——婚姻保卫战

再轰轰烈烈的恋爱，辗转缠绵后，最高理想都趋于一个结果，那就是结婚。追求到爱的人，共赴婚姻的殿堂是一种本能，能用爱守住所爱的人才算本事。

爱情里，那条非走不可的弯路

世上有很多非走不可的弯路，当然也包括爱情。谁都帮不了你，就算想帮你，你也未必肯信，肯听！

一天，我去合肥出差。一个小表弟在合肥上班，得知我要去，说要请我吃饭，他新交了个女朋友，让我给把把关。

我本来不想让他破费的，可是一听说他新交了个女朋友，就答应了。我很好奇是什么样的主，可以配得上优秀的表弟。表弟刚毕业，找了份好工作，单位还给买了房，人长得帅气，性格又好，无不良嗜好。

当天我办完事，有点闲空，就到步行街转转，没转一会儿，表弟就打电话问我在哪儿？我说在步行街。他说刚办完事，马上打车过来。十几分钟后，他便出现在我面前。

刚到来，他就接过我手里的包，体贴地问我走得可累，是想继续逛逛，还是找个地方喝点东西（离吃饭时间尚早）。

我说，“不想逛了，要不就去必胜客坐坐吧，先喝点东西，中午就在那儿吃点。小女孩现在不都喜欢吃这个嘛，现在去不用排队。”

表弟说，“姐，随你，她不挑吃。她十一点半下班，还得等会儿，再说从安大新区打车来还得半个小时。”

到必胜客坐下后，闲聊中得知女孩今年大四，在一家公司实习。老家和我们一个地方的，长相一般，是个宅女，不喜欢出来，对他倒挺好。表弟觉得她啥都好，就是性格太沉静，对生活没有激情。

我说，“什么叫激情啊，迪吧里有激情，你不能总在那儿待着，偶尔去一下行，老是待在那儿，耳膜和心脏都受不了，那不是生活的常态，只是偶尔。”表弟说，“那生活多没劲啊。”我说，“想要刺激，就应该找个能疯的、麻辣味的姑娘。”表弟又说，“那不成，真的受不了，怎么就没有综合一点的呢？”

天底下哪有两全其美的事？我没正面回答表弟，也没有跟着他叹气，

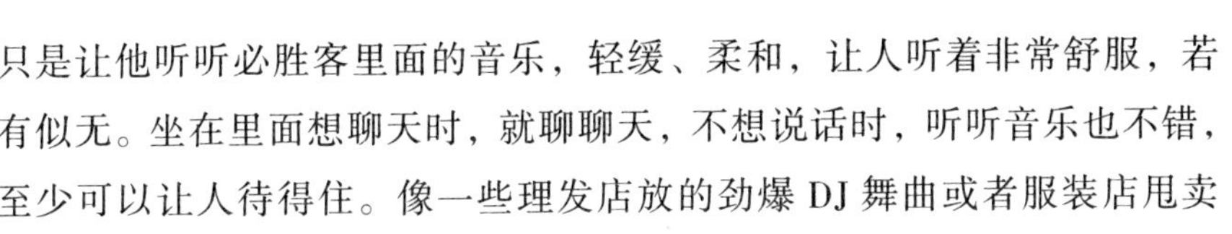

只是让他听听必胜客里面的音乐，轻缓、柔和，让人听着非常舒服，若有似无。坐在里面想聊天时，就聊聊天，不想说话时，听听音乐也不错，至少可以让人待得住。像一些理发店放的劲爆 DJ 舞曲或者服装店甩卖时高分贝的喇叭叫声，多刺耳，听一小会儿就觉得心烦，想赶紧离开。

表弟说，“是哦，这样说来还不错。”我说，“可不是，细溪缓流的才叫生活，大瀑布啊，只是景观，看看还不错。再说，千好万好不如行动上好，看人家对你多上心，这大热天的，下班高峰时，车不好打，你一声令下，人家这么不喜欢出门，还大老远地打车过来。吃完又得匆匆赶回去，这容易吗？再好都不叫好，对你好才是真的好。”

表弟连连点头，点完又抬起头狐疑地问，“姐，你不是被我爸妈拉来当说客，逼我结婚的吧？”

我说，“你这臭小子，权当我刚才啥也没说，真是要被你给气死了。”

看，张爱玲说的果真没错，这世上有很多非走不可的弯路，当然也包括爱情。谁都帮不了你，就算想帮你，你也未必肯信，肯听！

拐了弯的爱情还是爱情

爱情的小舟，鲜少能一帆风顺。在途中，很可能会不小心拐了个弯。若它还是你想要的，唯有张开怀抱，用一颗盛满爱的心迎接它。

多年来一直独身的女同学芍突然满脸兴奋地告诉我，她要结婚了。当时带给我的诧异与惊喜，不亚于她中了五百万，如做梦般不真实。

印象中，芍的生活中，很少有关系暧昧的男人，更别说谈婚论嫁的男友，以她向来稳重，不将就的性格，对不入眼的男人，连相处的机会都不肯轻易给，更没可能闪婚。思绪飞转一圈才想起重点问题，新郎是谁？

芍一脸幸福地说，还能是谁，原来那个啊！听完，第一感觉是她的神经搭错了线，不由得为她抱不平。在我看来，她的那个他，像个大孩子一样让人没安全感。她爱他时，他觉得烦，遂与她分手，另寻新欢后，才觉得她的好，要求复合，复合没多久，他又得陇望蜀，再分手。如今，又要和好。宝贝，他该不是又要你的吧！

芍说，这次绝对不会了，他很有诚意，要结婚。想想也是，娶一个女人是对她最大的赞美。但我不由暗想，这芍也太没骨气，爱情岂是他说收便收，想给就给的。换作我，嫁不出去，也不跟这种薄情寡义的人结婚。

芍看我黑着一张写满问号的脸，笑着说："我知道你在想什么，是不是觉得我好没骨气？虽然想做他的新娘，但当他求婚时，还是很矛盾，说实话，连我自己都瞧不起自己。在爱情上，我从来都很被动，分分合合也一直任由他说了算。可有什么办法呢？张小娴都说，在爱情里，谁爱得深，谁便输得惨。但爱情不是做生意，吃一堑长一智，可以货比三家后再定夺，它是可遇不可求的，既然遇到了，在不远的前方向你招手，虽然你在去的途中，同一个地方跌倒了多次，但你若想要，还是会奋不顾身地朝它奔去。你想要的，现在它就摆在你面前，只不过拐了个弯，

它还是它，为什么不要呢？”

听完芍的话，不免为之前的想法感到汗颜。芍是对的，她的爱情只不过拐了个弯，他还是那个她爱着的他，她一直想要的幸福，他现在给了，傻瓜才会为了所谓的面子，把幸福拒之门外。

芍说，爱情不是做生意，不可以货比三家。事实上，经营爱情更像经营生意，谁都不能一眼认准对方就是适合你的那棵树、那碗茶。执著专一是好事，可兜兜转转、货比三家后，再回首的爱情更加难能可贵。百转千回后，他仍然选择你，除了爱，没有任何理由能让他回头。而回头后，再重拾幸福，他只能更加珍惜。

爱情的小舟，鲜少能一帆风顺。如果它在途中，不小心拐了个弯，若它还是你想要的，你不能只因为它拐了弯，而拒绝它再次向你驶来。我们能做的，唯有张开怀抱，用一颗盛满爱的心迎接它，用行动为爱情的小舟鼓劲扬帆，无疑是给它加装了一个大马力的发动机，想让它跑慢点都难呢。

门当户对

灰姑娘终究要回到自己的世界，只有王子和公主才能永远地过着幸福快乐的生活。

门当户对，敲下这四个字，我觉得无比世俗，但这是生活本色，岁月安好的秘籍。

年轻时，觉得门当户对只是富贵人家生怕结了穷亲家，找一个冠冕堂皇的借口。走进婚姻后，才发现，这四个字真的很重要。相似或相近的生活历练，会避免太多不必要的误解与委屈。

中午在餐厅吃饭，由于是卡座里，我可以清楚地看到另一个卡座里坐着一对相亲的青年男女，介绍人说出俩人的名字后就闪开了。只听男孩问，“听说你在市府上班，应该是在编的吧？”女孩答：“不在编，人事代理。”男孩接着问：“人事代理是啥？”

听到此处，我知道这俩人不是一路人，更难成眷属。一会儿，我们离开时，发现女孩拼命地对付面前的一份套餐；男孩的面前空着，大概饭菜还没上来，直愣愣地盯着窗外，好不尴尬。

并非说男孩不知道人事代理，女孩因此就看不上他。至少她目前的生活，他一时半会进不去，就算她讲，他愿意听，努力去理解，也未必能融入，久而久之，一个人觉得累，另一个觉得无趣，同样，他的生活肯定与她完全不同，她亦进不去。

两个世界里的人要生活在一起，会平添太多无谓的麻烦。生活本来就很累，找志同道合，抑或门当户对的人，相处会轻松得很多。

表弟从农村考入大学，在城市定居。到了适婚年龄，一直在为找女友的事头疼，家里人想让他找个农村女孩，朴实本分，与家人好相处。他自己则想找个城里的时尚女孩，有共同语言。

他百般纠结时来问我，该找哪一种？我说，哪一种都不重要，重要的是门当户对，这不仅仅说家境，更多的是两个人对学识、修养及生活

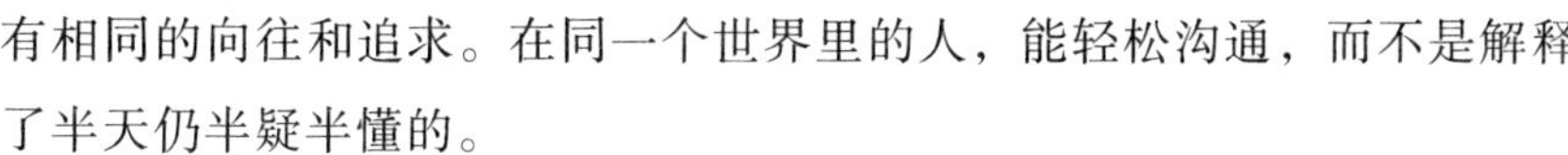

有相同的向往和追求。在同一个世界里的人，能轻松沟通，而不是解释了半天仍半疑半懂的。

如果要结婚，肯定要门当户对的，一个比另一个有优越感，言行举止不经意间就会流露出高人一等的感觉，让另一个人心生自卑。如同灰姑娘进入了王子的世界，刚开始对一切都是新鲜的，王子也乐意向灰姑娘介绍他的世界，一个说，一个听，说的眉飞色舞，听的津津有味。久而久之，说的会烦，听的会腻，哪有王子和公主心有灵犀一点通的轻松和默契。所以，故事里的灰姑娘终究要回到自己的世界，只有王子和公主才能永远地过着幸福快乐的生活。

故事里如此，现实生活更是如此。

不求婚，就判他“无妻”徒刑

好男人不会让心爱的女人开口求婚。不好的男人，不要也罢！

据调查，中国有近七成以上的男人不求婚，其中有四分之三以上的婚姻是由女人先主动提出的。那男人为啥不喜欢求婚呢？

我随机询问了身边的男士，他说：“求不求婚，都得结婚，何必多此一举呢？”这话说得，多没意思！如此说来，人都得老，何必劳财伤神去保养？饭都得吃，何必费尽心思做得色香味俱全？衣服都得穿，也用不着为悦己者容……想必正常人都不愿意过这种生活。男人又有话说了：“谁不想活得多姿多彩些？问题是得有资本，无房无车无‘鸽子蛋’，拿什么求婚？”

啥都没有都可以恋爱，手也牵了，吻也吻了，甚至在租来或不知名处的房子里连爱也做了。办到这些，一定说了不少甜言蜜语吧！那也不差一句求婚的话。

女人，都有一种求婚情结。因为，男人肯向一个女人求婚，说明他这辈子认定你了，求婚是一种爱的宣誓与承诺。其实，在这之前，当然期盼着，有一天自己的王子深情款款地说：“亲爱的，嫁给我吧。”即使没有钻戒，没有玫瑰，连棵狗尾巴草都没有，也没关系。有没有资本，是现实问题，求不求婚是态度问题。

求婚的态度端不端正，往往和男人爱女人的深浅程度有很大关系。一点爱，相当于食之无味，弃之可惜。此时，男人喜欢半死不活地拖着：骑马找马省得无聊，实在找不着，再把这个牵回家。

人对喜爱的东西，都想占为己有，何况爱人。话说到这儿，女人们，看明白了没？男人对待求婚的态度，恰恰也是对待你的态度，通常也是决定婚后是否能够好好爱你的前提。不管你爱不爱他，有多爱，多想与这个男人走进围城，相守一生，都得让他先求婚。要知道，推销给他的东西和他自己想买的东西，他在以后的使用过程中，态度是截然不同的。

女人若先开口求了婚，等于自降身价，以后的婚姻生活也没了底气，他对你好不好，你只要不想跟他过了，除非离婚，都得受着，连句怨言也说不得。你一说，他反驳的话便甩出来了：是你自己要嫁给我的，又不是我求你嫁的！

生为女人，就要活得骄傲一点。可以去爱一个男人，但不能把自己的全部都赔进去。在这个婚后女人也要担起家庭半壁江山的今天，进围城前一个人照样活得很精彩，暂时没有老公不要紧，无论何时一定要保留应有的骄傲。我们只需要闲情时，给自己泡点花茶，放一段爱听的音乐，翻几页好书，哪怕睡个懒觉……

如一首歌里所唱：好男人不会让心爱的女人受一点点伤，绝不会像阵风东游西荡地在温柔里流浪。好男人不会让等待的爱人心越来越慌，孤单单看不见幸福会来的方向。

当然，好男人也不会让心爱的女人开口求婚。不好的男人，不要也罢！

绝不试婚

试婚不是捷径，而是通往婚姻的埋伏，一不小心，便会被炸得遍体鳞伤。

曾有一段时间网上一个题目为“剩女，你敢试婚吗？”的帖子被传得沸沸扬扬。一个女读者从QQ上发来帖子的网址，说她想试试。

因自己也曾经是剩女，能感同身受地理解那种一个人孤单无助的绝望，渴望婚姻，却又惧怕的感觉。因为未知而心存恐惧，选择试用变得理所当然，我没理由反对。

她想到便着手去做，其实目标人选早就有，只是觉得这点爱不多，但试婚已足够，反正是试试，不行拉倒。

两个人正式“试婚”后，过久了单身生活的她，很享受有人疼有人爱、温暖相伴的日子。不用再泡面度日，即使吃泡面也有人一起吃；生病了不再是小可怜，有他陪着；加班再晚，都不会担心害怕，有他来接……出入任何场所，她都不再是一个人在战斗。

她开始贪恋这种生活，想把“试婚”转正。所以，她取出了所有积蓄，置办家具，为他洗手做羹汤，无微不至地照顾他，认真地过起了日子。可是，她忘了这是在试婚。

过了没多久的一天，她下班时，他没去接她，晚上，到深夜才回去，她有点不开心，沉着脸问他，干吗去了？他不耐烦地答，和朋友吃饭。她有些不满，如怨妇般审问，是美女吧？

他听后顿时不乐意，“是美女又如何，你又不是我老婆。”她气得直掉眼泪，哽咽着问，那你为什么对我这么好？

“对你好，是觉得和你在一起快乐，现在我遇到了让我更快乐的人，只有向你说声‘对不起’！”说完他拿起衣服走了，再也没有回去。

如果说婚姻是一种风险投资，那么能一本万利，却也会血本无归。试婚注定是一种只亏不赚的买卖。动机决定结果，两个人都是抱着试试

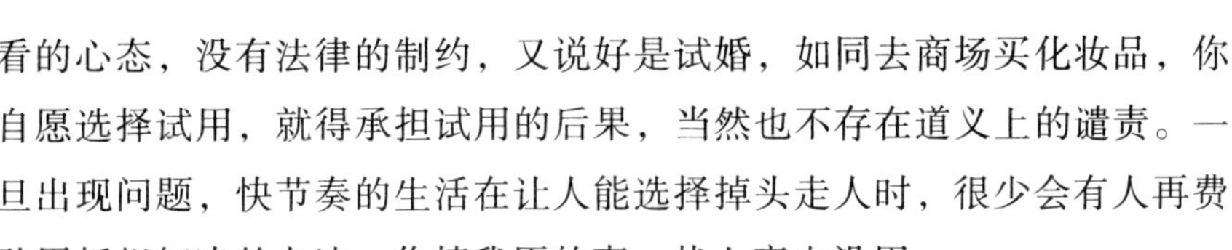

看的心态，没有法律的制约，又说好是试婚，如同去商场买化妆品，你自愿选择试用，就得承担试用的后果，当然也不存在道义上的谴责。一旦出现问题，快节奏的生活在让人能选择掉头走人时，很少会有人再费劲周折想解决的办法。你情我愿的事，找上帝也没用。

我们不可能靠试用品维持生活。所以，不管你是不是剩女，多么渴望有个爱人，有个家，都不能去试婚。生为女人，别人爱不爱，我们管不着，但能管住的是，自己一定要爱自己。宁可做自己的剩女，也不能做别人的试用品——任人想试就试，想扔就扔。

让爱情暂时寄居在试婚里，如穿凉鞋，它能让人在情感升温时毫不犹豫地穿上，也能让人在激情退却时随意地脱掉。

爱情这东西，不是付出就会得到收获，何况抱着试试看的心态，希望只能更加渺茫。试婚不是捷径，而是通往婚姻的埋伏，一不小心，便会受伤。要得真爱，唯有怀着一颗虔诚的心，去寻找正价的爱情，才能得到真正的幸福。

结婚吧！给爱情一个好归宿

热恋中的男女，如果你们是真心相爱的，那就快点结婚吧！别再犹豫，别再徘徊。只有婚姻才是爱情的最终归宿，责任会让爱情更加稳固与长久。

不记得谁说过：“如果婚姻是爱情的坟墓，那么不结婚，爱情将死无葬身之地！”我对这话深信不疑，一直奉为圣旨去执行。一旦有了喜欢的男孩，会自然而然地想到和他结婚。我不想让我的爱情最终死无葬身之地。

到谈婚论嫁的年龄时，记得曾有人问起我的择偶标准。我的要求是：一个可以嫁的人。我并非不向往花前月下的浪漫，当然想要一场轰轰烈烈的恋爱，只是辗转缠绵后，最终趋于一个结果——结婚。如果那个人不可以和你结婚，牵你的手，相伴终老。再好，充其量也只能是一个见不得光的第三者。

想到第三者，脑海里立刻跳出一长发飘飘、柔媚如水的女人。用她自己的话说，这么好的资本，不当第三者浪费了。刚开始我以为她只是说着玩的，毕竟她有一个条件相当、无可挑剔的男友等着娶她回家呢！最重要的是，他们还很相爱。谁知道，她说到做到，就在男友准备为她买婚戒时，她拒绝了。理由和我的恰恰相反，她说，婚姻是爱情的坟墓，这么年轻就踏入坟墓，岂不太冤了，坚决不结婚，如果男友硬要结婚的话，就分手。他可以和别的女孩结婚，她不介意做他的地下情人。

男孩觉得她不可理喻，爱她又舍不得离开她。拖拖拉拉维持半年后，她依然坚持自己的观点。男友不得不遵从父母的要求，娶了一个温柔娴淑的女人为妻。她在男孩结婚后，要求做其情人时，男孩委婉地拒绝了，并称那样对她不公平，会委屈了她。她执意说自己是心甘情愿。婚姻不就一张纸吗？相爱能在一起，她又不失自由，多好。

哪儿有猫儿不吃腥的，何况是面对自己曾经深爱的女人。在她的强

攻软磨下，她与已成他人丈夫的前男友做了一对地下情人。刚开始相处甚欢，日子久了，男人有了孩子，身上多了份责任，觉得两边跑好累，无意中对她冷落起来。她心里开始失衡，原来男人现在即使和她在一起，也是心不在焉，脑子里全是老婆、孩子。她开始不满，终于觉得委屈，心想，她哪点比他老婆差，以致让他这样对她？她为他浪费了多少青春年华，为他放弃了多少另择新欢的机会。

她百般委屈地来找我诉苦，我只能笑着说对她说："早知如此，何必当初？你前前后后地想一下，人家先前要和你结婚，你死了心地要做他的情人，现在倒好，看到人家老婆得宠，又觉得心里不平，失衡了。如若不然，现在你们也是一对恩爱有佳的烟火夫妻。"婚姻之所以被人称为爱情的坟墓，只是因为夫妻双方朝夕相处，彼此有了审美疲劳，继而加上生活琐事，难免生厌，而且因有一种逃不开甩不掉的责任，感觉不自由。殊不知，正是这种责任，才会让爱情更加得稳固与长久，只有婚姻才是爱情的最终归宿，有安全感的爱情才是舒心的，温暖的。即使爱情没了，还有亲情，这日积月累的感情经岁月刻蚀才不留痕迹，且日益香醇。

热恋中的男女，如果你们是真心相爱的，那就快点行动吧！别再犹豫，别再徘徊。去结婚，别让你们的爱情最终死无葬身之地！

她为何要做落跑的新娘

落跑不是逃避，恰恰是勇于直面自己的内心。

飘着细雨的黄昏，路过影楼时，我望着笑若繁花的一对新人的婚纱照，旧伤如被雨水淋湿般，心微微地疼了起来。不由得想起她，一个不知漂泊在何处的落跑新娘。

我的疼，是将就着把自己嫁了，嫁不到爱的人，连一生只有一次的婚纱照亦没能眉眼含笑。而她，面对爱的人不再纯净的爱，做了落跑新娘。

她的出走，使两家陷入一片混乱，她成了众矢之的。所有人都不能理解她的出走，包括她的父母。她的男友品貌俱佳，在小城坐拥千万身价，重要的是，不仅没阔公子的坏脾气，关怀倍至，连她的内衣裤都帮她洗。他对她的好，有目共睹，无可挑剔。

当她提出分手时，众人都以为她无理取闹，闹小孩脾气，甚至没有人问她理由。婚期如约，双方家长忙着张罗婚事。仿佛结婚的是他们，而不是她。她无奈，做了落跑的新娘。她走的前一天，发短信给我说，“只想要爱情原本纯净的样子。”掺了杂质的爱，她宁可不要，亦不将就。

就算全世界与她为敌，她亦把我当成朋友，这个理由也只告诉了我。因为，我们一直相互珍藏着彼此的小秘密。在青葱般的岁月里，曾共享小小的喜悦与忧伤。懵懂爱情时，支持追她喜欢的亦都不看好的痞子般男生，她亦知晓我的小秘密，如初吻给了谁，在哪一天。在慢慢成熟后，依然是彼此的坐标和依赖。她曾戏说，我们前世一定是情人，不然今生不会如此相爱。女人对女人的爱，是从灵魂深处去喜爱和欣赏。她认定我能一如既往地懂她的选择。

而这次，我却笑她，太小题大做不过是他的初恋失恋，他多陪了对方几天。至于吗，谁没有初恋，人之常情。纯净的爱情只有童话里才有，别做梦了。再说，婚期将近，箭在弦上，怎能不发。

后来，她彻底消失了。我不敢想象，当时的她，带着怎样的绝望和

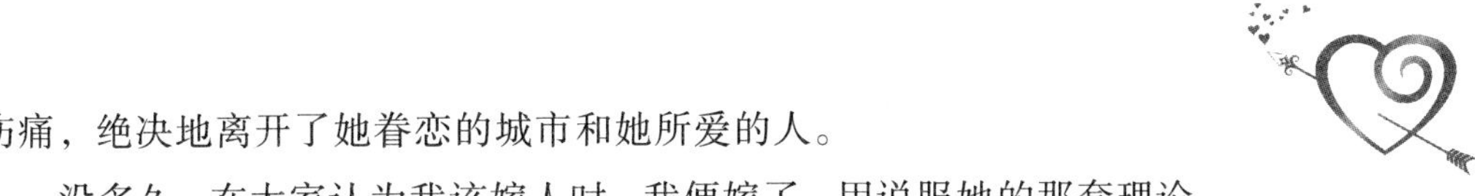

伤痛，绝决地离开了她眷恋的城市和她所爱的人。

没多久，在大家认为我该嫁人时，我便嫁了。用说服她的那套理论，安慰自己，纯净的爱情只活在童话里。我们生活在凡尘俗世，只能想象，不能奢望。

婚后，朝夕相对，不爱的两个人只会相看两厌，婚姻如鸡肋般。我太了解，婚姻中没有爱情的苦。

一生太长，好在为时不晚。那些日子，我总是清晰地听到她打鼓般在说，只想要爱情纯净的样子。我重复她曾做的事，顶着世俗的压力与众人不解的目光，从婚姻里走了出来。

一个人，并不孤单，亦不寂寞。因为，在我所不知道的某个城市，有她，那个勇于执著爱情愿望的落跑新娘，在寻找纯净的爱情路上，伴着我。

一生太长，亦太短，错过一次已太多。

如果再有女孩对我说，想要爱情原本纯净的样子。我不会笑她，只会笑着和她说，只要有去找的勇气，并坚持到底，就一定会找到。我坚信！

婚姻也要有起步价

任何事都是有条件的，包括恋爱，当然也包括婚姻。

一天，我随手在网页上点开一个热帖，题目是“婚姻要不要起步价”。当时看到这个题目时，我脑海里就跳出一个答案，当然要！

办公室同事路过我身边时，看着我打开的网页问，你的婚姻起步价是什么呀？给个标准，好帮你物色人选。我说，我是典型的80后物质女孩，我要的另一半，没钱可以，一定要有房子，不然结了婚住在哪儿啊！租来的房子里没有安全感。同事接着说，看你经济很独立，平时对朋友也大方，怎么一谈到结婚就变得这么世俗了呢？

谈恋爱可以浪漫一点，结婚是柴米油盐地过日子，当然要俗气。因为，我们每个人都是凡夫俗子，只要活着一天，就要穿衣吃饭，离了钱，怎么生活？我虽然经济很独立，也不需要男人来养我，可结婚得有个自己的小窝吧！没有家，彼此的爱连个落脚点都没有。难以想象，住着租来的房子，整天担心房东随时要用房，赶自己出门，连一个让自己身心愉悦的地方都没有，何来安全感，又哪来的幸福可言。贫贱夫妻百事哀，我可不想抱着爱情喝西北风。

朋友小敏就是一个典型的例子。想当年，小敏在朋友圈内算是有才有貌的理想伴侣，追她的人中有钱有貌的一抓一大把，随她挑选。可小敏一向清高，爱情至上，视金钱如粪土，最后不顾家人劝阻，嫁给一个一穷二白的大男孩，没房没车不说，连家里的正常开支都应付不了，还要自己加班加点工作，才能勉强维持生活。就连想要个爱情结晶，也要思考再思考。这一连串的生活烦恼，让小敏的生活陷入窘境，往日的娇颜也因生活所累，整个人变得憔悴不堪，整天在我耳边唠叨，“嫁人，一定要找个经济条件好点的，没有物质做基础，爱情往哪儿放？受苦受累的可是自己”。

别说有前车之鉴，这么多年踏入社会的经历，把我彻底打造成了一

个俗气的烟火女人。不能说金钱至上，但至少目前来说，离开钱，我无法生活，一个人飘在异乡，深知人情冷暖，没钱就得饿肚子。再说，如果对方在社会上没能力，挣不到钱，他拿什么来保障你的幸福。

不管怎么说，婚姻肯定要有起步价。这个起步价不一定是要有房有车单纯物质上的，另一半的品性及是不是潜力股也很必要。张小娴说过："任何事都是有条件的，包括恋爱。"这个条件，也就是所谓的起步价吧！你爱一个人，他必定有你欣赏的地方，这就是起步价。更何况婚姻，要找一个能与你相伴一生的人，不管是物质上的，还是人品及其他，肯定要有一个标准的起步价。这样，才会尽可能地保障你有一个完美幸福的婚姻生活。要结婚，也不能挖到篮里都是菜，挑拣是有必要的，有一定起步价也是首要条件。

男人的忠贞与担当是最好的聘礼

女人们，当你心爱的人为你披上婚纱的那一刻，要让他拿出最好的聘礼——给你婚姻里应有的安全感和忠贞。

我曾看到很多朋友的 MSN 签名上写着：贞操是女孩最好的嫁妆。挂这签名的有男人，也有女人。男人有这心思可以解释成处女情结。女人竟也认同，有点费解。

生为女人，我为这句话感到悲哀。如果说贞操是女孩最好的嫁妆，那男孩最好的聘礼是什么呢？当然不能等同为贞操，男人的贞操无从检验，有亦无来无亦有，全凭男人一张嘴。

在我们这个时代，贞操已不是女人的枷锁，更不是检验对爱情和婚姻是否忠贞的依据。如果是处女或去修补个处女膜，就说明这女孩给男方带去的是最好的嫁妆，能助爱情持久，婚姻幸福，且会对另一半忠贞不渝吗？纯属无稽之谈。

对爱情忠贞，跟女人本身是不是处女没有任何关系，而是一种态度，一种在爱情里洁身自爱，并一对一地忠于这段爱情的态度。

只要成了年，你未娶我未嫁，彼此相爱，与喜欢的人做喜欢的事，无可厚非。不能终成眷属走进婚姻的殿堂，可能是遇人不淑，也可能爱得不够，或是家庭矛盾。主观和客观的因素很多。

当爱已成为往事，分手后，女孩再开始一段新的恋情，遇到心仪的王子，披上婚纱时，你能说这女孩不纯洁，以后会对这段婚姻不忠贞吗？显然不合理，只要她忠于现在的老公，在这段婚姻里，甭管三年五年，或白头偕老，能洁身自爱，守住原则和底线，这才是女孩最好的嫁妆，而非贞操。

能与爱情匹配的唯有爱情。同样，男孩最好的聘礼，也只能是对婚姻的忠贞和担当。如今，女人已不需要男人来养，实实在在的聘礼，如房子、车子、票子……女人都可以自己挣，唯独来自于家庭的幸福感、

安全感，要男人来保证。

现在社会诱惑实在太多，没有谁能保证身边的男人，今天是你的，明天是你的，永远都是你的，让婚姻里的女人很没安全感。

不可否认，有一种在情感中无所畏惧的女人，在她们心中，恋爱和婚姻都只是一种体验，对未来无法预知的分分合合所着迷，不在乎有没有安全感，只是尽情地去享受爱情的美好。这种女人很幸福、很满足，也极少数。现实生活中大多是怕老公出轨，患得患失，惶恐不安的平常女人。

这就要求，生为女人的我们，在心爱的他为你披上婚纱的那一刻，得让他拿出最好的聘礼——给你婚姻里应有的安全感和忠贞。爱情抵不过时间的磨损和生活的繁琐，若有朝一日，他变了心，或者抵挡不了诱惑，也要要求他第一时间告诉你。离了婚，再去开始下一段爱情也不迟，这也是对他，对你，包括对下一段爱情的女主角，最好的爱与尊重。

结婚证也只是个证

爱在时，彼此觉得对方哪儿都好。一旦爱没了，所谓的承诺便会随之消逝，结婚证也会随之成为一件摆设。

邻家妙龄美女风风光光地嫁给了大龄丑男，任谁看都是一朵鲜花插在了牛粪上，正是这牛粪的养料足，鲜花才能开得艳。谁知道，刚结婚一个月，这养料全施到别的花上去了，自家的花理所当然地蔫了。小区内的人都为她打抱不平，声讨这速成的陈世美，安的什么心啊，本就配不上娶来的媳妇，还整出个外遇，白糟蹋人家黄花闺女。她的娘家人更不愿意了，可只能打掉牙齿往肚里咽，因为只忙着大操大办婚礼，还没顾上打结婚证，现在男人有了外遇，更不愿意扯证，摆出一副你爱咋的就咋的的无赖相。

这样朝三暮四不负责任的男人，肯定不能要。可刚结婚便被人当猴一样耍了，当然心有不甘。找人打他一顿，在法制社会行不通，于是便去咨询律师，可否先不说分手，耗上一段时间，按个事实婚姻分点财产。爱没了，要点钱也不悖于情理。可人家律师说了，新的《婚姻法》规定，不管办过多少次婚礼，不办结婚证，只能属于同居关系，不论时间长短，都不受法律保护，也没有“事实婚姻”一说。现在两个人从法律上来说根本没有任何关系，谈不上离婚。

所以，她再委屈，再不甘，再难过，都无济于事。事实一弄清楚，马后炮便一个接一个地来，说，这姑娘傻，结婚不办结婚证，结什么婚啊；法制社会，一切凭证说话；早不想清楚，现在哭死也没有用。有个大嫂还幸灾乐祸地说，幸亏我多留了个心眼，没办婚礼，就先去办个了结婚证，以防后患。

说到结婚证，这里插点广告，想到一个橙色笑话：一对夫妻为寻刺激，深更半夜跑到小区一角做起了缠绵美好的事，不料，被巡逻的保安发现，这对夫妻稍尴尬了一下，便义正词严地说：我们是合法的，我们有证。

想到这儿，我想笑却笑不出来。结婚证此时或许有点作用，那是在彼此有爱、相爱的时候。一旦婚姻破裂，根本不像那位大嫂所说，有了证便一劳永逸，以防后患。

事实上，在婚姻里，结婚证根本不管用，充其量只是女人自以为是的定心丸。如同男人的承诺，爱在时，你好我也好。一旦爱没了，所谓的承诺随之消逝，结婚证就变成了一件摆设，这件摆设唯一的用处是有可能补偿点钱。这里说得是有可能，因为离婚时，有结婚证，满足条件后，是能分得一点财产，这是指有财产的情况下；若是家底一穷二白，那啥也捞不到；家庭负债的，你只能分得一屁股烂账。在其他方面，结婚证与废纸无异，你总不能拿着结婚证到处向人家说，你是他的媳妇，你有结婚证，他就得爱你一辈子，永远不离开你。说出来也只是个笑料。

我倒为邻家那个遇人不淑的姑娘感到庆幸。既然遇人不淑，那这不淑之人要他干啥，早发现，早分手，早开始新的幸福生活，不是坏事，更不是世界末日。自己有手有脚有头脑，不愁没银子，年华正好，品貌俱佳，还怕没人爱。

因此，女人千万不要以为自己手握结婚证就万事大吉。在对的时间遇到对的人是一种缘分，佛说“百年才修得共枕眠”，能携手走进围城多不容易啊！所以，对于来之不易的婚姻，结婚证不是无往不利的证，唯一能让婚姻永无后患，万事大吉的，只有珍惜。珍惜走到一起的缘分，珍惜生活中的点点滴滴，对方的缺点、优点、家人、朋友、事业……都要一并爱了，一并珍惜。要像珍惜自己的眼睛一样去珍惜婚姻，只有这双眼睛不出问题，世间美好的一切才能尽收眼底。

不要只在乎朝朝暮暮

爱他，就自信点，洒脱点，给他一点自由呼吸的空间；不爱，就趁早放手。

前不久，一个朋友要选派到农村任职三年。走时，他老婆哭得梨花带泪，仿佛生死离别。看到这一切，我真无语，这走了又不是不回来，再说，一个大活人还能跑了不成，退一万步说，就算跑了，也不是坏事，该跑的早晚要跑。

我和这个朋友的老婆云也算是多年的朋友，于是劝她，“没什么的，三年的时间很快，距离产生美，没听人家说，小别胜新婚，单位有很多在外市工作的人，都是多年如一日地过着周末夫妻的生活，不也挺好吗？有的同在一个城市，还分居分床呢，想念彼此的时候聚一下，给彼此留一点自由的空间，让爱有个喘息的机会”，诸如此类的话说了一箩筐，可云愣了半天又冒出来一句，“你说他要是在那里重新找了一个，怎么办？”我告诉她，那些女人再漂亮动人，男人不动心也白搭，如果真动了心，反倒是好事，趁早看清，趁早放手。

才把云劝好，又接到另一个女友打来电话说：“竹子，你说我该咋办，林征被单位派去美国学习，一去就是两年。”我想，这外面的世界果真很精彩，惹得男人们都想“离家出走”。

我说：“这也不是坏事，看你们在一起三天两头吵架，我都嫌烦，分开让你们清静一下，也好。两情若是久长时，又岂在朝朝暮暮。”女友听后说：“那些话都是骗人的，天天看着我都不放心，他这一走，这么久，又这么远，看不见摸不着的，你要我怎么放心？”

看得见，摸得着，握在手里的也并不一定是自己的，身在曹营心在汉的事例不胜枚举。很多时候，男人和幸福一样如手里的沙，你攥得越紧，往外流得越快。没有谁会愿意两个人像个连体婴儿一样，整天腻在一起，多闷多累啊！山珍海味天天吃，也会如同嚼蜡。在一起的时间长

了，因彼此太过熟悉，而缺乏神秘感，会产生审美疲劳，爱情也会缺乏活力。偏偏有些女人，不懂得为爱情留空间，要看着守着才放心。云是三天两头往其老公任职的农村跑，惹得他老公无法安心工作，她自己也累得疲惫不堪，称自己是可怜鬼一个。

每个人都是独立的个体，谁离开谁都一样活得好好的，没必要非得像个跟屁虫一样，男人走到哪儿就要跟到哪儿，也太没出息了。

我把这些话说给女友听，女友心照不宣地笑着说，后来也想开了——是你的就是你的，不是你的抓得再紧也没用。相较云而言，女友活得很轻松，周末还学起了一直喜欢又没空学的古筝，没事就在博客上写写自己的心情，她老公有空就看，还能留言互诉衷肠，不浪费昂贵的电话费，更不会因时差不同而影响彼此休息和工作。

看到女友这样理智，我真替她高兴。最想说的就是，女人，如果你要想男女平等，真的如别人所说的那样妇女也能顶半边天，就别只在乎朝朝暮暮，天天摆出一脸怨妇像。独立一点，自信一点，会活得快乐一点，轻松一点。

两情若是久长时，真的不在乎朝朝暮暮。经不起时间和距离考验的爱情，不是真爱，留着何用。耐不住寂寞的人，不要也罢。把拴男人的绳拉得紧紧的，早晚会绷断的。爱他，就洒脱点，就给他一点自由，一点空间；不爱，就趁早放手。

拴男人，无绳胜有绳

放养你的男人，把家变成让他身心愉悦的地方。即使他一时贪玩，玩累了，总要回到你的怀抱。

遇到老公有外遇，很多女人会先找到被称之为“狐狸精”的女人，然后泼妇一样上去厮打谩骂。事实上，自己老公要出轨，碍别人什么事啊！稍聪明点的女人就会从自身找原因，同时看管好自家老公。不想让男人出轨，不是抓住男人的胃就完事，更好的办法是拴住他的心，让他自己约束自己，这比你死看硬守强得多。但如何才能拴牢男人的心呢？强拴强管肯定不是上策，说不定适得其反。无绳胜有绳，才是最佳境界。

有此想法，皆因认识的一个女人，她是我这二十几年来见过的最完美的女人，长得漂亮，又能干，举止优雅，聪明智慧，人缘又好，简直集女人的优点于一身，天天生活在别人羡慕的目光中。

我也不例外，和一般认识她的人一样，也很喜欢她，去她家的次数比较多，她烧得一手好菜，闲来无事就找理由去她家打牙祭。但每次吃饭，很少能见到她老公。一次，忍不住问她，来了这么多次，怎么不见你老公在家吃饭？她听后笑着说，天天出去和他那些朋友在一起，一年365天，有65天在家吃饭就很不错了。

我忍不住接着问，那你也不管管他？她听后笑了起来，管管？有这个必要吗？我说，怎么没有必要，他天天在外面把自己喂饱了，可想过家里还有人呢，这么不负责任，万一哪天再演一出雀占鸠巢的事，你后悔就晚了。

她听完我的担忧之后，先是叹了口气，并没有像和我见过的别的女人一样，向我大倒苦水，为她出谋划策。而是心平气和地说，他从没结婚时就整天和一堆朋友一起疯，一起玩，结了婚，也不能剥夺他生活的自由权。而且，就算你把他强留在家里，他一烦，你也不舒服，不如放养，让他在外面自由自在地玩，玩累了之后他肯定会回来。

想想也是，身为女人，只要你能做到让家成为身心愉悦的地方，任

何一个男人都不会拒绝回家的吧！没等我说话，她又接着说，就算他哪一天在外面有了女人，我也毫无怨言，那只能证明我没能给他想要的。在生活中，任何人都有权利选择更好更适合自己的伴侣。结婚这么多年，看着身边婚外恋不停上演，离婚者也不胜枚举，因为爱他在乎他，也曾担心过，害怕他离我而去。但时至今日，我们一起经历了众多朋友的离婚事件后都明白，给婚姻一点自由的空间，才是维持婚姻的长久之计，我平时和异性朋友出去玩，他也从不过问。

听完她的话后，我恍然大悟。她这般放养老公，实属上策，拴住男人的心，就要做到如她这般无绳胜有绳，不天天缠着他，给他自由，时刻准备着一颗宽容的爱心在家等着他，总比整天像个侦探一样，时刻用电话追踪，即使他不在家，也一样能听到你不停絮絮叨叨，追问他何时回家要强百倍。试问，有谁愿意整天被人看着、管着、监视着。被看管着的男人，婚姻对于他来说，就像一座监狱，你越想看牢他，他越想从这里逃出去，哪怕这座监狱再豪华、再舒适，就算监狱之外遍地荆棘，他也要踩着荆棘呼吸自由的空气。

另外一个女友就是这种情况，本来夫妻二人感情挺好，某天，不知道从哪儿听说她老公和一妙龄女郎去吃西餐。她老公回来后，她对他百般质问，那女人是谁，在一起都做了什么事。甚至撒泼骂他：没良心，不爱她，嫌她不再如当年般漂亮。她老公一再和她解释，只是同事，都在加班，凑巧一起吃个饭，她都不信，并说如果真没什么，以后去哪儿都要带着她，不带着她就是有什么。她老公受不了她牛皮糖般的折腾，几次三番，便觉得生厌，生活中没有一点自由可言，她和家在他眼中都成了监狱的代名词。没多久，两个人越闹越厉害。日子没法过了，只有离婚。本来没有什么大不了的事，经过她这么一闹腾，事反而出来了。到最后，谁折腾，受伤的就是谁。

如果你想拴牢男人的心，就学着放养你的男人，给婚姻一点自由的空间，把家变成让他身心愉悦的地方，即使他一时贪玩，玩累了，也总要回到你的怀抱。如果因怕他出轨，而对他严看强管，一意孤行地把他拴在家里，不在家里也要用根电话线牵着，甚至跟踪他，导致他抛弃你的罪魁祸首只能是你自己。再说，他是个大活人，你能拴得住吗？拴得了一时，拴得了一世吗？因此，想方设法拴牢男人的心才是正事。

盯着别人的玉，不如看好自己的瓦

盯着别人的玉，充其量只能看看，口水流成河也得不到。劳心费神，出力不得好的事，你做它干啥？

生活中，除了孩子是自己的好以外，其他的似乎都是别人的好。总有那么一些人这山望着那山高，比如谁家的老公升职了，房子、车子、票子一应俱全，而自己家的还守着半死不活的岗位原地不动，住着分期付款的房子，坐公交上班，连上个像样的饭店吃饭都得算计犹豫半天；谁的老婆如何漂亮，风情万种，聪明又能干，还能顶半边天，瞅着自己的老婆十年如一日的乏味，越看越心烦，还靠自己养着……这一切，都让人感到厌烦，甚至埋怨老天不公，那些好事，怎么就没落到自己头上呢？

前几天，正在上班，一个老同学打来电话，先客套地问了句，你在干吗？我说，这会儿没事，在网上闲聊呢！她一听，不无羡慕地说，你工作真好，天天待在办公室，冬暖夏凉的，事不多，还能上网，下班回家就能吃上热饭，老公体贴入微，孩子婆婆带着，活得跟神仙似的。接着，她话锋一转，叹了一口气说，你看我整天风里来雨里去地推销产品，一个月也就那么点钱，我家那个更不争气，听说他公司在裁员，没准就有他，天天脾气还大得很。想着就来气，他要下岗了，我真不能和他过。再找一个，怎么着也得比他强，看看你，再想想我，真不想活了……诸如此类，如绵绵不绝之江水，齐涌而来，噼里啪啦地说了整整半个小时，直到她手机没电为止。

直到挂电话，我也没说什么。有些话，哪怕是很好的朋友，也是不能直说的。但不说，又觉得朋友做得不称职，想了很久，直到她又一次打电话来说同样的话，我才狠心对她说，人比人气死人，与其羡慕别人，盯着别人的好处不放，干吗不自己努力点，改变现状呢？就算你老公不济，那是他，你左右不了。那你自己的工作呢？和你在同一个岗位的，

不是也有一个月赚万儿八千的！我比你好吗？就算好，也是理所当然，我付出的努力比你多多少，你自己最清楚不过。就算你和你老公分开，你一定能找一个再比他强的？有钱、有貌、有权的，会奔着更年轻漂亮的女人去找，还轮得着你？

她在电话里委屈地哭了起来，我方觉得话重，便软下语气说，别再羡慕别人，老觉得自己不行，怨老天不公。你现在努力还不晚，就像打麻将一样，不怕抓不到好牌，就怕路上没牌。别人的牌再好，那是别人的，与你无关，更与你羡慕的口水多少无关。

她被我恨铁不成钢地骂了一顿，我以为她会从此不理我。结果，没多久，她就笑嘻嘻地告诉我，她转变思想后，工作积极，对她老公和颜悦色，夫妻感情俱增，老公工作有了动力，没被裁员。而她也领悟到，各种生活有各种的好，像我天天待在办公室，机械无味，消磨时光，而她风里来雨里去，生活多姿多彩，精彩有趣。凡事都有利弊，想想就释然了。她最终也明白，自己的生活要自己去改变，别人再好，与己无关，羡慕也是白羡慕，应化羡慕为动力去争取。

还有一个男读者，已二十八，一直未婚。主要原因是，他喜欢的女孩选择了别人，他后来碰上一个对他好的女孩，人家一心一意地守着他，他都没反应，并说，宁为玉碎，不为瓦全，他要找一个聪明美丽清高有才的长发佳人。符合他条件的女人大多已名花有主，没主的也未必能两情相悦，所以自己一直单身。喜欢他的女人看他迟迟不提婚事，年华渐长，家里人又逼得急，也嫁作他人妇。某天，公司聚会，来者皆成双成对，唯有他孤家寡人一个。那晚他喝多了酒，痛哭流涕地说："想想自己当初太傻，宁愿盯着别人的女友心存幻想，也不愿正眼瞧一下对我好的女人。现在玉没了，瓦也没了，啥都没了。"看着他一脸的伤心与无奈，我真替他难过，如果他当初别紧盯着虚无的玉不放，那么现在应该和爱他的瓦一起过日子了，两个人只要真心相对，幸福的日子就指日可待。

当然，你会说，只是想要称心如意的生活和伴侣有错吗？这没错，问题是，这种生活是不是你目前能力所及，你会不会为这种生活去改变去提升，如果这两者答案都是否定的，那么想也是白想，不如安分守己地过好现在的日子。如果你称心的人已是别人的，就与你无关了，你盯着一辈子，终是别人的，不如真心实意地对眼前的人，才是明智之举。

整天想着别人家的玉好，对自己家的瓦漠然以待，鸡飞蛋打是迟早的事。

这盯着别人的玉，充其量只能看看，口水流成河也得不到。劳心费神，费力不得好的事，你做它干啥！不如把这点心思用在实际的事上，没准，经过努力后，峰回路转，柳暗花明，有一个艳阳天在等着你呢！

请维护好你的原装婚姻

小三的好，只能体现在围城外，没有责任，没有约束，当然要多快活有多快活。一旦进了围城，成了婚姻内的人，和身边的人亦无区别。

前几天，有个自称姓杨的女读者打来电话说，她离婚后嫁了小三，再婚半年了，生活还不如以前幸福。用她的话说：“我就像一个溺水的人，有幸被人救上了岸，当我在岸边还没站稳，又一脚把我踹下去了，这让我很崩溃，也想不明白。上帝这玩笑开得有点大了！”

听她讲完前因后果，我才得知，一个再普通不过的外遇事件，上帝很公平，只是杨女士答错了题。恋爱，结婚，生子，步步紧逼兵荒马乱的生活，斤斤计较，老实木讷的丈夫，还有丈夫身后一堆穷亲戚，都让她看不顺眼。她想逃离这种看不到希望的生活，另寻生活的乐趣。

于是，有了懂她的情郎。杨女士说：“他英俊，幽默，体贴，浪漫……仿佛让我回到了初恋时光。”当然，这个情郎不会说她花钱如流水，还让她尽情地花，说男人挣钱就是给女人花的；也不会说她不顾家；不会告诉她，他老家的谁谁谁又要来城里办事，要小住几天，让她担待着。杨女士觉得她理想中的丈夫，就是这样的，看着养眼，在一起让她感觉到有安全感，很轻松。

有了比较，她越发觉得老实巴交的丈夫不顺眼。加上情郎的浪漫攻势，她义无反顾地提出了离婚，丈夫死活不同意，说他有什么错，他愿意改，怎样都行，就是不能离婚。

她看着他那副窝囊相，越发坚定了要离婚的决心。对他说，你要什么，我给还不成吗?

一心一意想做的事，多半都能成功。她净身出户，要了孩子。她以为，有了爱，她和情郎可以重新开始，他也会爱屋及乌，对她的宝贝女儿好，当她激动地把这个消息告诉情郎时，他很不高兴，责怪她一无所有，还带了个“拖油瓶”。

婚是结了，可婚后，两人不是为孩子，就是为了鸡毛蒜皮的小事，三天一小吵，五天一大吵，再也没有原来相处时的轻松、快乐。最要命的是，原本那个幽默浪漫的情郎，却是个好吃懒做的家伙，工作干不了几天，就坚持不了，不是嫌受气就是嫌累，在家里还摆大男子主义的臭架子，家务碰都不碰。前几天，甚至还对她动了粗……难怪三十好几的人还未婚，这样的人，谁肯嫁他！

说到这里，杨女士后悔不已，也不能理解情郎的瞬间改变。其实，古人早就说了：衣不如新，人不如旧，男人婚前通常是奴隶，婚后就成了将军……

一般小三的好，只能体现在围城外，没有责任，没有约束，当然要多快活有多快活。一旦进了围城，成了婚姻内的人，自然和身边的人没太大的区别，甚至不如前者。可是人在饥不择食地想改变一种生活时，往往被表象迷了心智，哪会做出理智的判断呢！

所以，不管是男人还是女人，请维护好你的原装婚姻。弃原配，与小三结婚，生活质量会倒退十年，等于把之前的婚姻试卷全部撕坏重写，加上再婚还需要比原来多增添一道难题——前任和孩子，至少有前任存在。

离婚后和小三在一起，生活没有以前幸福，这劳民伤财的事不做也罢，不如拿这些金钱、时间、精力去维护好原装的婚姻，说不定会比现在幸福得多，不信，你试试！

婚姻的脂肪不能遮，要减

当婚姻出现不属于婚姻内多余的东西时，如果你还想要这段婚姻，只能立刻及时地除去。

一个读者前不久打电话来咨询，她隐约地听别人说她老公在外面有了女人，她该怎么办？是质问他，还是睁一只眼闭一只眼？不待我问答，她又自言自语般地说，若质问他，他否认了，反而会破坏不算很幸福却还算平稳的生活，让彼此难堪。他要承认了，自己也不知道该咋办。离婚，是自己想也没想过的事……她还在絮絮叨叨地说着各种原因和理由，我已深知她的选择——她是不会离婚的。况且后来她还说，孩子小，她从小在单亲家庭长大，不想再让孩子走她的老路。

还能怎么办呢，要么离，要么忍。我只能安慰她："别相信那些空穴来风的谣言，婚姻如饮水，冷暖自知，他对你好不好，你自己清楚，你若是觉得好，别人说什么都不重要。"她仿佛放了心似的，松了一口气后挂了电话。我握着手机很想扇自己一巴掌，为我刚才所说的貌似主旋律"劝合不劝离"的蠢话。

男人出轨，老婆始终都是最后一个知道的，无风不起浪，捕风捉影，那也得有影可捉。我不能绝对地说她老公出了轨，但他至少也应该奔在出轨的路上了。可是，该怎么和她说呢？

曾经，一个女同学向我诉说过类似的事情，我这张大嘴巴就把自己的真实想法如实相告。结果，她和她老公大闹一场后没闹出所以然，而我也成了十恶不赦的罪魁祸首。女同学竟然觉得我居心不良，她老公防我也跟防贼似的，深怕我带坏她。

不和那位女读者说我的真实想法，并非怕重蹈覆辙，而是，她已为自己做出了选择，别人说什么都没有用，结果得她自己想通想明白才行。

过了没几天，那位女读者又哭哭啼啼地打来电话说，她碰见老公搂着一个年轻的女人在逛商场，她当时脑子里一片空白，不知所措。等她回过神来，俩人早没影了。她该怎么办？

这是我意料之中的场景，我答非所问地告诉她，刚刚一个淘宝店主向我推荐一款波西米亚风格的吊带抹胸长裙。我说，我肚子上有肉，穿上没腰身的长裙像怀孕一样，我得穿既能把肚子上的肉遮住又有腰身的连体裙才行。店主发了个大笑的表情过来，顺捎一句话："美女，身上多余的肉肉，不能光想着靠衣服遮，这治标不治本，要彻底减掉才行。"

店主的话让我茅塞顿开，我不知道那位女读者是否听明白了。对婚姻的态度，是否也如我对减肥的态度般坚定坚决：无论如何，一定要减掉多余的肉肉。

减肥不是一时半会就有成效的事,因为肉也不是一天两天吃上身的。当婚姻出现不属于婚姻内多余的东西时，如果你还想要这段婚姻，只能立刻及时地除去多余的东西，别自欺欺人地想着找各种理由遮掩，遮到日渐增多加重，拖到你所能承受的极限时，将为时已晚。

给自己一个能让他尊重你的资本

生为女人，要想让另一半尊重你，顾及你的感受和意愿，你先要给自己一个能让他尊重你的资本。

周日下午没什么事，我打电话约女友蓝逛街。电话响了一会儿，没人接，却被按掉，以为她在忙。想着，过会儿她忙完，肯定会回过来。可她一个家庭主妇，不开会，又无须加班，怎会忙到电话都没空接呢？

大约过了十分钟，见手机没反应，想着她是否和老公生气了，按了重拨，这次，只响了两三声就又被按掉。她到底发生了啥事？还是我哪里得罪了她？

N个十分钟后，她打电话来，我忙问，忙啥呢，电话都顾不得接。她说，哪有什么事让自己忙的，是因为老公在边上打电话谈生意，嫌她的来电铃声吵，帮她按掉的。我不知如何接话。

她接着抱怨，他越来越不像话了，一点都不顾及她的感受。她哭过，闹过，但都没有用，真不知道该怎么办？结婚还没七年呢，就先痒了起来。

我听完后，感到有点愤怒，还为女友难过。虽然是夫妻，但怎么可以把另一半的来电，不经允许就挂掉呢？我隐约地预感到他们夫妻间的关系已失衡，蓝似乎完全处于受控的状态。想来也是，端谁的碗归谁管，一个家庭主妇，经济上不独立，自然人微言轻。她的事，在他老公看来，应该都不算大事！

仔细回想，电话打过去被按掉的那刻，我不也想着，她一个家庭主妇能有啥好忙的。她老公这样想，也是情理之中的事。想到这儿，我刚才心中的愤怒和不爽，稍稍平息了些许。

一个人被别人如何对待，先抛开其本身如何不谈，别人一般会根据你所处的环境，审时度势地对待。社会就是这么现实，这个别人当然包括婚姻中的另一半。连电话都会被她老公随便按掉的蓝，长此下去有何幸福可言？我并非危言耸听、小题大做，试想，若打电话过去的不是我，

而是蓝的父母，抑或是救急电话，让人情何以堪。

或许有人会有疑问，蓝家里的空间不会只有两平方米，小到只够两个人立着，蓝的老公为啥不能换个地方接？何必如此！不是他不能，而是他觉得没必要，蓝在他眼里已没了让他尊重意愿和感受的必要。

想当年，蓝的老公也是力排众敌追到蓝，一直把蓝捧在手心里疼爱着。这才结婚不到五年，怎么就从天上摔到了地上？后来，我想了想，给蓝发了条短信：亲爱的，你还是找份工作，去上班吧！世上最重要的不是争取，不是努力，也不是得到，而是珍惜，凡事亦是如此。有份让自己经济独立、人格独立的工作，也是珍惜自己、珍惜生活的一种方式。

生为女人，想让另一半尊重你，顾及你的感受和意愿，先要给自己一个能让他尊重你的资本。你两手空空，吃着人家的，喝着人家的，再去要求人家事事顾及你的感受，是不是有点过分了？

不做主妇很多年

没有工作，没有精神寄托，像藤条般依附着别人生活，那你只能顺着别人的方向前行，永远找不到属于自己想要的生活。

下了班，刚回到家里，女友便打来电话问我：“你最近工作忙不忙？我都快累死了，要不我干脆辞职做家庭主妇，好不好？”我说，你应该去问你老公，他乐不乐意养你！再说，我不做主妇已经很多年了。

女友的这种心情我能理解。想当初，我刚结婚没多久，也觉得工作、家庭两手抓有点吃不消，白天工作应酬忙得团团转，回家还有一堆做不完的家务等着你。根本没有在娘家时小鸟一样地过日子舒服自在。一时适应不了，加上单位竞争厉害，压力也大，和朋友们诉苦说，做女人难，做一个工作、家庭都要兼顾的女人更难。朋友们便打趣说，你老公做生意那么挣钱，又不缺你那点工资，何苦呢？老公看着我日益憔悴，也心疼地说，那班咱不上了，如果你要很想工作，那就请个保姆吧！

我一听，愣了，本来只打算发发牢骚，诉诉苦，没想到弄成骑虎难下的局面。但我心里很清楚，女人要想人格独立，就必须经济独立，不管挣多挣少，至少不会被骂作是吃白食的废物。再说，我从来没想过要做任何人身上的寄生虫。纵使再累，让我放弃来之不易、努力打拼奋斗争取来的工作岗位，也万分不舍。

如果继续上班，势必得听从老公请保姆的建议，要不然，以后再苦再累也不能和老公诉苦了。可是请保姆吧，家里多个人，肯定会破坏二人世界。为了过浪漫的二人世界，连孩子都没急着要，怎么能允许一个保姆来破坏呢！最后我决定不去上班了，乐得轻松。像我妈说的，有福不享是傻瓜。即使不像一些全职太太那样天天去购物美容、瘦身、打麻将，至少也有时间做自己想做的事，弥补以前很多缺憾，比如，有足够的时间多陪陪父母，去一个最想去的地方旅游，看想看的书，写喜爱的字……

辞职后，我的确是过了几天舒心的日子，过着猪一样幸福的生活，想吃啥吃啥，想睡到几点睡到几点。可不久，我明白了一件事，天下没有白吃的午餐，即使那个人是你要相伴终生的老公。承诺过要给你幸福、万分疼爱你的人，也一样会扮演老板的角色——你吃他的饭，就要服他管。最起码，你想买什么，就得伸手向他要钱。而且，他给钱时的姿态，越来越像施舍。不凑巧，碰到临睡觉时他掏钱给我，我不由得联想到影视剧中男人出去狎妓时的场景。难怪张爱玲会说，婚姻是批发，妓女是零售，婚姻便是长期的卖淫。

我越想越觉得羞耻，日子开始变得难熬起来。你不上班，就得把家里收拾得井井有条，没有理由撒娇哄他和你一起做家务；他有应酬时，你就得独守空房，眼巴巴地盼着他回来……凡事都得一一询问他这个老板，他不给钱，你便不可能去表达你的爱心，包括向父母尽孝，送朋友礼物。还是那句话，在经济上不独立，休想人格独立。有的人会说，或许你老公太繁琐了，凡事都过问，也不嫌累。试问，有谁愿意把血汗钱任你随意挥霍啊？自己不挣钱，还妄想掌管财政大权，做梦去吧！

我很想把这些经历和感触原原本本地告诉女友，但一想，还是算了吧，她没有经历过，自然不能感同深受，你怎么说她都不会明白的，就像我们小时候，无论父母如何苦口婆心地教导我们要好好学习，不然长大了肯定后悔。而我们呢，有多少人乖乖听话，还不是等长大后撞得满头是包才后悔。

每个人的生活方式不同，追求的目标也不同。谁爱做主妇谁去做，我不想管，也管不着，哪怕是我最好的女友也一样。自己的路要自己选，至于幸福与否，那就另当别论，我不能一竿子打翻一船人。我自己做主妇不快乐，就认定别人做主妇亦不会幸福。

只是，虽然不做主妇很多年，但短短几个月的主妇生活却令我终生难忘，是剥皮般的蜕变，使我破茧成蝶，终于又飞回了工作岗位。无论如何，老公有钱与否，我都想做一个有点累却很充实的上班族。哪怕要面对日益加重的竞争压力，电脑辐射致使容颜老去，复杂的人际关系弄得你心烦气躁，这都不要紧，没有烦恼，哪能突显出你的快乐。人与动物的最大区别，除了人体所需之外，便是精神寄托，活着没有工作，没有精神寄托，像藤条般依附着别人成长生活，那你只能顺着别人的方向前行，永远过不了自己想要的生活。活着不能主宰自己的人生，何乐之有？

面对日益激烈的竞争压力，女人也要能顶半边天。女人觉得上班累，男人也会累。谁不想找一个能替自己分担的人，轻松幸福相伴一生。如果你不能或不愿分担，时间久了，他累到承受不了时，便会弃你而去。离婚时，你总不能说，你是他老婆，陪他睡过觉，他就应该养你一辈子吧。到时没有了婚姻，没有了工作，一无所有的你，又该怎么办？

爱以致用

爱是用来干吗的？爱是让自己幸福，过得更加轻松、快乐的。何必跟爱过不去呢？

一个女友一天值晚班，下班时让老公来接，老公正在打游戏攻关，拒绝了，让她自己打车回家。女友很生气，想着，还没到七年之痒，对方就把自己看淡了。

“这年关，歹人也都想着法子办‘年货’呢，夜深人静的，多不安全呀！敢情是不想和自己过了，干脆借别人的手，弄死自己算了。”她越想越觉得难过、伤心，顿时天塌了一样，“整天累死累活地为家操劳，他不知道疼人，连最起码的责任也不愿担当，这日子还有啥意思？”

于是，她不管合不合适，深更半夜地给我打电话。我怕吵着老公，便披上睡衣跑到卫生间接听电话，还以为出啥大事了。听她说完，我松了一口气，这算啥事呀！再说，她老公一直都去接她，只是碰巧玩游戏好不容易可以升级，拒绝一次而已，《婚姻法》也没哪条规定老公一定得每天接老婆下班。工作还有个双休日呢，他咋就不能给自己放天假啊！如同家务活，本应是夫妻共承担，可一直都是一个人做，某天这个人没做，另外一个人反而说起这个人的不是了。

我告诉她，我们报社上晚班是很平常的事，我们办公室有三位女士，包括我，没有哪一个是老公天天来接，偶尔老公来接一回，都像吃了开心果似的，一有机会就拿出来炫耀自家老公多会疼人。

人要知足，尤其是女人，不能得寸进尺，把男人对自己的爱一次消耗殆尽。一辈子很长，要给爱一点喘息的时间呼吸新鲜空气，才有力气继续爱自己。

她听后，激动的情绪略微平息了一点，但仍恨恨地说，下次加班再晚，天再冷，自己宁愿冻死、被人打劫，都不让他来接。看来，道理是明白了，气仍没消，她是一个典型的被爱宠坏了的女人，身在福中不知福。

我给了她一个经常接我们下晚班的出租车师傅的号码，劝她赶紧回家后，冻得浑身冰冷的我重新回到被窝，老公把我揽进怀里，暖意缓缓地传遍我全身。我突然想到一句话——“爱以致用”。爱是用来干吗的？爱是让自己幸福，过得更加轻松、快乐的。何必跟爱过不去呢？

没有爱，期待爱；有了爱，要珍惜，更要为己所用。夫妻之间，没有谁一定要拧得过谁，争个你输我赢。要么都拧着不开心，要么皆大欢喜，你情我愿，恩恩爱爱地生活。夫妻之间，各有各的相处之道，总之，不管用啥招，高高兴兴地达到目的就成。这样，不是比独自伤心难过，暗自较劲治气要强得多吗？

他需要啥，你做了没

看管男人是驭夫计中的下下策，啥都不做都比这强。

一位异性朋友某天对我说，他娶的不是妻子，而是一把锁，还不是普通的锁，堪称“保险柜锁”。我笑了，大多数女人都喜欢管男人，这正常，要不哪来“妻管严”一说。

他说，你不知道，工资卡上交后，家里的每一毛钱收入她都掌控着。我说，你不是还有稿费吗？你不说，她哪知道。他无奈地说，身份证她扣着呢。

她不仅掌握财政大权，连他的手机、邮箱、QQ 密码都得知道，方便时一天一查，甚至一天几查。QQ 里只要发现有女性，甭管是谁，立刻删掉。平时有应酬或朋友聚会，别人打个电话就 OK，他总得把时间、地点、都有谁参加等问题交待得一清二楚才可，还得看她高不高兴。一周最多出去一次，如果超了限，即使有天大的事，也不准假。

我听后，心想，这女人累不累啊，假若不需要男人挣钱养家，估计得天天把男人拴在腰带上绑着，才安心吧！其实，真没必要，丈夫是有独立人权的七尺男儿，又不是手中的提线木偶。

这般看管他，这里面肯定有爱，但并非真爱，只是占有，怕失去他，说白了就是怕失去他带给她的物质和情感的满足。而以爱的名义给他建了层层防护网，把他锁在网内，但这与坐牢何异？

这位异性朋友并非无骨气无脾气，可任她摆布，只因他爱她，认为她高兴就好。他一味地忍让，她却欲发变本加厉。他爱她，凡事想着她高兴就好。而她爱他，却打着爱的大旗，做一切她自己高兴而让他不舒服的事。由此看出，他的爱是真爱，而她的爱只是占有。

他们这样非常态的夫妻关系能维持多久，我不知道。我很想对他的妻子说，她做过的这些让人看来不可理喻的事，我之前也都做过。可是不仅没把男人留在家里，反而把他逼了出去。她的男人目前还没有太多

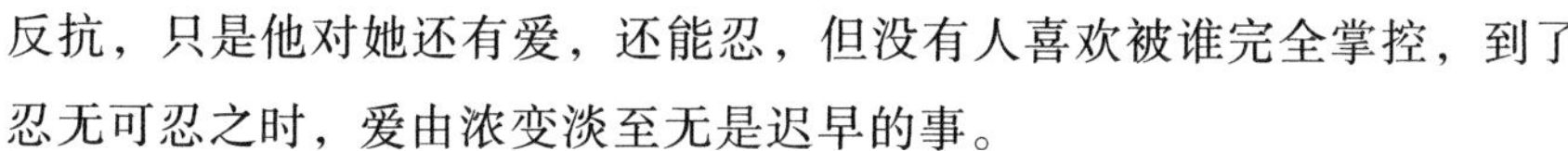

反抗，只是他对她还有爱，还能忍，但没有人喜欢被谁完全掌控，到了忍无可忍之时，爱由浓变淡至无是迟早的事。

其实她可以换个方法，比如，让他每个月交出收入总额的70%左右来养家即可。这钱他会交得心甘情愿且有成就感，同时也在提醒他，他是个有家的人，他做的一切都要为这个家负责。

他爱与朋友聚会，就让他去，女人可以自己省出时间逛街、做美容，甚至打麻将，各得其乐。不必时时刻刻腻歪在一起，也能让感情保鲜。心情好的时候，可以把他的朋友们请到家里来，做一桌好菜。当他的朋友都变成你的朋友，会在你的男人面前夸你。你会发现，你的男人也越发珍惜你，当然，主动回家的次数也会多起来。

看管男人是驭夫计中的下下策，啥都不做也比这强。女人所有的看管男人的方法，只有在男人还爱你的时候有效，一旦不爱了，你死你活与他都没有关系了，况乎其他。真没必要把他看管得比你手中的人民币还宝贝，要捂着藏着，放在哪儿都觉得不安全，长此以往的唯一后果是，他必定想方设法地突围。一旦他逃出这牢笼，享受到自由的可贵，便再也不想回去。如果你不想要这个结果，趁早把筑建牢笼的工程停下来，不妨多想想，他需要的是哪些，你做到了没？

爱是，舍不得你难过

一个男人若真正爱你，是不会纵容你做伤害自己的事，因为他不舍得——你痛，他的心更痛。

她和他第一次见面，是在上岛咖啡厅，地点是她选的，她并不喜欢欢喝咖啡，只是爱那里的茉莉绿茶，清咽利嗓，因为她有慢性咽炎。没点前，她先向服务员要了杯白开水，笑着和他说，嗓子不舒服。他听后笑着说"出去一下"，便转身就走。她顿时愣了，百思不得其解，等她喝完一杯白开水，准备起身走人时，他回来了，手里拿的是一盒黄连上清片。她接过他递来的药，微苦的药片，她竟吃出了蜜的甜味。

为这一盒黄连上清片，她嫁给了他。

婚后，日子并不如她想象中美好，毕竟英雄救美的事不是天天发生，便少了些许感动，但还算过得去。他对她是真的好，她不能吃辣，凡有刺激性的调料他都不买。即使出去吃饭，也都是挑淡味的点，碰到有点辣味的菜肴，他都是先倒杯白开水，把菜涮过后再放进她面前的小碗里，即使有朋友在，他也照做不误。朋友们都笑他是老婆奴，他笑着说，老婆是娶来疼的。

这种羡煞他人的日子，她并不满意，反而觉得他没男子气概，做事婆婆妈妈的，日子过得比绣花还仔细，连吃顿火锅，他都拦着不让，说咽炎最重要的就是忌辛辣。她心想，吃一次，又不会死，少放点辣椒不就行了。其实，她吃火锅的目的，就是想吃辣，味欲禁久了也需要释放。

没多久，她便开始厌倦这种波澜不惊如死水般的生活，觉得生活和每天吃的菜一样，仿佛都被白开水涮过，一点味道也没有。在他又一次拒绝她提议去吃火锅的建议后，她积压在心底的怒火腾地爆发了，她冲他嚷道："想吃一次火锅都不行，日子有什么过头，离婚算了！"

他听后愣了，接着是沉默，当做没听到。她开始和他冷战，天天守着电脑不理他，赌气似地把 QQ 昵称改成"我要吃火锅"。没几天，她

便沉迷于网络，因为，她认识了一个叫“陪你吃火锅”的男人。当然，男人的昵称是专为她而改的。

她想着,连一个陌生人都这般宠着她,他为什么就不能迁就她一下?她越想越气，当天气渐冷，同事们下班后都嚷着去吃火锅时，她答应和那个男人一起吃火锅。其实，她也可以自己或者和同事一起去吃火锅，但她偏偏想和他一起去。

她特意要了微辣的锅底，没吃几口，便咳个不停，男人倒给她一杯啤酒，说喝两口压一下就好了。她喝了一口，果然舒服一些，接着她开始大快朵颐，仿佛要报复老公，又或许弥补欠缺的辣味，那顿饭她吃得很过瘾。

结果可想而知，她的咽炎复发。医生一脸严肃地训斥她，明知自己有咽炎，还去吃火锅、喝啤酒，这慢性病都一样，要靠调理，自己不注意，上帝也没招。

打了几天点滴，老公寸步不离地陪在她身边，她不说话，他也不说。她心里愧疚的同时，又担心他知道她和别的男人去吃火锅而生气，或者他已决定要答应她提的离婚，只是看她在生病，暂时未再提及，她越想越害怕。从医院回到家，她迫不及待地打开电脑，把那个陪她吃火锅的男人删了，松了一口气，才发现电脑桌边多了一盆金鱼。她才想起，前不久，女友来她家玩时无意中提及，对着电脑久了容易眼干，养盆金鱼能补充些湿气。想到这，她心里涌现出他拿给她黄连上清片时那种久违的感动，她泪流满面。

她想着，无论如何，一定要好好照顾这盆金鱼，当成他们重新开始的物证。他看着她每天对着金鱼若有所思地笑，他便也跟着笑。两个人和好如初，谁都没再提离婚的事。金鱼如他们的孩子般成了他们快乐的源泉和纽带。

一天，她下班后照例去看金鱼时，看到一条金鱼漂在水面不动了。她想着，他看到肯定会伤心难过，便偷偷地用筷子捞起。走到垃圾桶前，她才发现里面已经躺着一条金鱼。

此时，她才明白。爱，原来就是心疼着彼此的心疼，痛着彼此的痛。难怪他一直不让她吃辣，她痛，他的心更痛。

独行不累，独乐无罪

寄任何希望于他人身上都是枉然的，自己需要的，先不说别人能不能给，能给也未必愿意给。

一个刚生完宝宝没多久的女读者跟我抱怨，说整天忙得像陀螺一样，时间还是不够用，忙得连上个 WC 都要踩着点。我听后莞尔，某大师不是说过，时间是海绵里的水，是你不会挤。她气呼呼地说，我跟你说正经的呢，你当我是小学生，还跟我说这些大道理。

事实如此，在我们这个国度，凡事讲究独乐乐不如众乐乐，甚至连买个菜，逛个街，洗个澡，更别说喝茶吃饭了，有必要没必要都要约上三五知己，结伴而行，才算皆大欢喜。等回到家面对一屋子生活的鸡毛鞠躬尽瘁时，才知道自己有多累。

对此，我深有感触。上周末约了女友去逛街，说好下午三点在某商场见。两点半她就打电话来说，她家宝宝睡了，估计要睡一小时，让我四点再去。还没到四点时，她又打电话说，宝宝醒了要喝牛奶，还得等会儿，让我一个人先逛着。五点半她才赶到商场，其间我转了几圈，发现入眼的东西，总想着等她来了帮我拿主意，等她来了我已经等得没了买任何东西的兴趣。

白白浪费了我一下午时间，还搭进去了好心情。从此，我想通了，结伴不如独行。其实，自己需要什么，喜欢什么，只有自己最清楚，别人是给不了自己想要的，包括意见。结伴结的只能是个伴，很多时候对方甚至都不了解你心中所需。

不由想到另一个 MM 曾幽怨地和我说过，她喜欢旅游，每次周末或放假，她提出要外出走走时，她老公不是要加班，就是天气不好，或父母有命让他们回去……总之，不是主观原因，就是客观原因。她老公平时连陪她逛个超市都嫌浪费时间，她直感叹这样的生活没意思。

我听后对她说，这有什么大不了的，根本没有必要依赖于别人陪伴。

凡事有了想法就要去做，别人有时间，就一起去；别人没时间，自己先去做也未尝不可啊。在原来像生娃这种一个人不可能完成的事，在科技如此发达的今天，想给娃选择多帅的爹，多漂亮的妈，随你高兴。更别说旅游、逛超市这种芝麻小事。

只要你想去做，你的地盘任你独行。想去旅游了，你想周末去就周末去，想小长假去就小长假去，想去西湖或瘦西湖，随你喜欢，不用征求他的意见。逛超市买生活必需品，你想选哪个品牌就选哪个品牌，想买哪种口味就买哪种口味，他不去，就放弃了选择的权利。这世上最痛快的是，自由自在的快乐。保持一颗自强的内心，自己的快乐自己就能给，不依附于任何人，当然也就不会受制于任何人。

想要快乐的女人们，凡事不如自给自足，做个独行侠，一个人绽放到极致，自由自在，自得其乐，多好！

婚姻里，扮演好属于你的角色

想要活得轻松快乐，就把和自己有肌肤之亲的另一半只看成是性友谊的关系，并且努力扮演好性友谊的角色。

似乎每一个女人都是无师自通的爱情侦探兼情感专家，但无论扮演哪一个角色都是痛苦的。扮演侦探时，定是发现男人偷腥或者正狂奔在偷腥的路上，痛的是自己。当扮演专家时，除非职业性的，多半是与己有关的婚姻遭遇了小三小四，自己跟着痛。总之，作为女人，婚姻内再与女人狭路相逢，除了痛还是痛。

不由得想为女人们叫屈，同时也想弄明白，这男人到底是怎么想的。娶了个不爱的女人，在婚内找不到爱，想在婚外找可以理解，为什么有的男人娶了深爱的女人，还要朝三暮四。某天，和自称外遇无数的资深色狼聊天得到了答案。他说，在爱情上不能太较真，你们有爱情，发现一点不对劲，就整天纠缠，猜疑，闹得不可开交……有啥好？不如把爱扔一边，两袖清风，想咋的就咋的，活得自在快乐。在这种事情上，谁计较，谁就受伤，纯属自找难过。

听后，我豁然开朗。计较的是女人，受伤的当然也是女人。那么，难道就只能任由男人胡作非为？自己睁一只眼闭一只眼，忍气吞声地活着，那有啥意思。他说，当然不是，其实女人生活得快乐不快乐，主要是看自己扮演的角色对不对，扮演爱情侦探和情感专家再成功也是失败，因为永远不会快乐。不如把婚姻内的两个人，看成是一种友谊关系，除了是搭伙过日子的生活朋友外，比别人多一层关系，就是性友谊。女人若能扮演好性友谊中的一个角色，像对待朋友那样去对待自己的男人，去尊重，去理解，不要给彼此贴上“你是我一个人的”的标签，那就会轻松快乐很多。

男人因性而爱，女人因爱而性。由于个体差异不同，先不说婚外，在婚内，若你不能审时度势、游刃有余，扮演好性友谊中称职的角色，

把有爱的婚姻经营得有声有色，男人便会性急跳墙，到婚外去寻找。

既不能把有爱的婚姻经营好，又不想让男人到婚外去寻找，那就退而求其次，把老公当成你在床上的伙伴吧，至少这样会让你的生活正常运转，活得舒服自在——没有当侦探的烦恼，也没有遇人不淑的痛苦，更不需要浪费美好年华，整日奋战在捉奸一线。

因此，想要活得轻松快乐，就把和自己有肌肤之亲的另一半只看成是性友谊的关系，并且努力扮演好性友谊的角色。已婚的，就相互信任，而不要给彼此压力。能在婚内得到理解和自由，男人何必还劳民伤财地到婚外去寻找？

老公的可比性

每个婚姻都有其独特的经营、相处模式，没有最好的，只有最适合自己的。

周末时，家里来了两家客人，一家是女友L带着一岁多的宝宝，老公忙，没顾上来。另外一家是X一家三口。加上我家宝宝，很是热闹，没有一刻是安宁的，但大人和孩子都很快乐。

X的老公坐了一会儿后，一头扎进厨房忙活了起来，把我这女主人请出来闲坐。L看到，忍不住对X说，看你家老公多好，到朋友家还做饭，我家老公从没做过一顿饭。我也连忙说，真模范呀，就是我有点不好意思，来我家还让他做饭。

X一脸笑意地说，这有啥，在家他也一样得做饭，我又做不好，他也懒得让我做。听后，L感慨说，X命真好，在家做全职太太，老公能挣钱养家又会疼人。

我不以为然。其实，每一个人向往的生活，包括另一半总是在别处，如同男人看媳妇总是别人家的好。L的老公是不会做饭，但生意做得很大，公司开了一家又一家，当然没空做饭，他是把做饭的时间拿去挣钱了。X的老公的身价不及L老公，X上街看见心仪的衣服，总是左思右想，考虑再三，再决定是否购买。而L上街，甭管需不需要，看上就买，没有哪一次不是随心所欲，大包小包的提一堆回来。

但生活就是这样，你必须舍弃另一样。因为，大家毕竟都是凡人，没有三头六臂，也分身无术。只能说，你喜欢哪一种生活，更向往哪一种生活，但只能挑一种，哪有那么多两全其美的事呀！

对我来说，X的老公体贴周全，懂得怜香惜玉，L的老公有大把的钱供她挥霍。而我老公，钱虽然挣得不多，但足够一家人生活得滋润，也算懂得照顾我，家务基本上谁有空谁做。我也要上班，工作虽不是养家的必需，但可让自己活得充实，过得快乐。她们的老公各有各的好，

且都是我老公不具备的好，但都不是我所需要的好。

因为，我向往的生活，就是有份热爱的工作，过悠闲的生活，做幸福的小女人。不想老公外面家里处处周全，也不想他挣大把的钱。目前静好的岁月、凡俗的日子靠近我的理想，已足够好。

后来，我把我的想法和她们交流，她们沉默了会，异口同声地说：也是。婚姻如人饮水，冷暖自知，哪存在什么可比性呢？如同一个朋友所说，哪种生活都有烦恼，想开了就开心，想不开就不开心。每个婚姻都有其独特的经营、相处模式，只有找到适合自己的才会活得更幸福。

下班后，别在家谈工作

下班后再谈工作，听的一方都会是厌烦的一方。你颇有兴趣地说，听的一方无论喜欢与否，都要充当情绪垃圾桶的角色，被迫感受你的感受。

刚下班，小弟打来电话说，要来我家蹭饭，称不想回家面对他老婆的职业后遗症，回到家还三句话不离工作。他自己上班压力也大，下班回家后就想放松些，他老婆却一而再再而三地和他说她工作上的成绩、困扰、烦心事，或聊以后该如何更好地工作，使他一刻也得不到放松。总之，他很厌烦，要疯掉了……

听后，我深有同感。现代社会，不仅男人是工作狂，女人工作起来也堪称拼命三娘，加上女人本来就喜诉说，工作做得出色的，急于在老公面前显摆，不停地宣称自己的丰功伟业，不断重复某领导的某句夸奖……工作做得不好、遇到烦恼的，回家之后，会抱怨，说领导如何给她穿小鞋，说单位机制不合理，同事个个跟她过不去……总之，女人说起工作，不管炫耀还是诉苦，都如黄河之水滔滔不绝，并理所当然地认为，作为她家的男人，就理所应当地为她分担一切喜和忧。

事实上，都要在职场上打拼的今天，女人所面对的工作问题，男人同样也会面对，可能压力更大，因为女人还有家庭做后盾，还有照顾家里为借口。在很大一部分人的观念里，养家糊口，让妻儿过上富足的生活是男人义不容辞的责任与义务，男人不敢有半分马虎，其压力可想而知。

谁都希望自己的家是一个让人身心放松的地方，那么，就尽量不要污染“家庭环境”，下班后，就要彻底抛开工作，尽情享受家的感觉。

若下班后，你再谈工作，听的一方都会是厌烦的一方，你颇有兴趣地说，听的一方无论喜欢与否，都要充当情绪垃圾桶的角色，被迫感受你的感受。原本好心情可能会被你破坏得荡然无存，也许本来心情不好，听完更加火上浇油。你这样不厌其烦地说，让别人无条件地倾听，是否

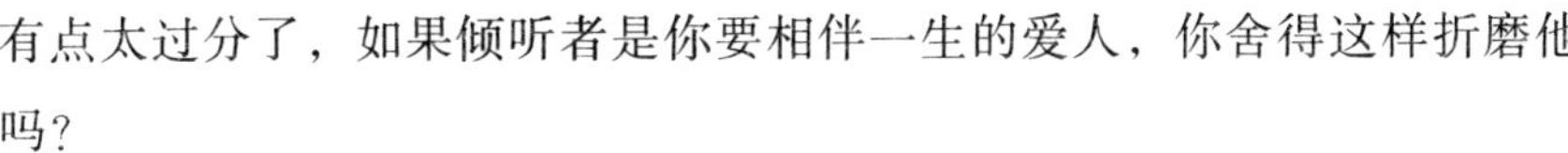

有点太过分了，如果倾听者是你要相伴一生的爱人，你舍得这样折磨他吗？

再说，下班后再谈工作，会让人产生疲劳感，不管单位是否一样，工作内容大同小异，上班做这些，下了班还谈这些，任你天天对着一桌子美味佳肴吃，也会腻烦，何况不管喜欢与否，都要为了生存去做的工作呢？

难怪有人说，同学不恋爱，同事不结婚。我想，其说的正是不管是生活还是工作都要在一起，太过熟悉，而没有新鲜感，容易使人生厌，继而不能长久相伴的原因吧！

那些说婚姻是爱情的坟墓的人，究其原因，大抵就是朝夕相处而产生的厌倦感在作祟。不管是恋人，还是夫妻，要想保持彼此间的新鲜感，就不要录音机一样重复播放每天都要重复做的事，比如说工作。在工作时间内认真工作，下班了，就要尽情享受八小时以外的生活，比如说，二人世界的风花雪月，三口之家的温馨甜蜜，四世同堂的天伦之乐……这样，才能做到劳逸结合，生活也会多姿多彩，而不会让彼此产生厌倦感，也不会对工作、对生活产生厌倦感。

那么，亲爱的职场俏佳人们，以后下了班，别再不解风情地拉着老公谈工作，工作时间你好好工作，下班后，咱就尽情享受生活，工作再出色，不也是为了更好地生活吗？

炒出你的美味鸡肋

如果你还不想丢弃这块食而无味的鸡肋的话，就要想办法，积极努力地把它炒成美味可口的佳肴。

提到鸡肋，任谁都会想到“食之无味，弃之可惜”这句话。然而，生活中总会经常出现对某样东西不满意又不忍舍弃的情况。此时，正常的方法要么半死不活地将就，再就是舍弃。不过舍弃时，又心留遗憾。其实，还有第三种方法可以圆满解决这种“瓶颈”状况。将这不忍舍弃的鸡肋炒出可口美味佳肴来，这需要掌勺人用理智的头脑，配以得当的“烹饪技术”。

你对你的另一半不满意，觉得和他在一起生活久了，不管是在心灵还是视觉上，都感觉到疲劳，这种疲劳像一张网，几乎缠得你寸步难行，不能呼吸，你迫不及待地想要从这张网中逃出去。可总有这样那样的网线牵绊你。比如，曾经患难与共、社会压力、孩子太小等现实问题，让你怯步，狠不下心一走了之。这种欲罢不能的感觉不停地折磨你的身心，让你寝食难安，日渐衰老，彷徨，无助，不知道该怎么样才能合理解决。你的生活成了名副其实的鸡肋，食之无味，弃之可惜。

我的一位读者就是这样，年近三十才嫁得一个自认为不错的男人。可孩子刚出生，就嚷着要离婚，说她老公和结婚前变化太大——不疼她，不爱她了，甚至在孩子没满月时就出去打通宵麻将。听者都为其打抱不平。我说，既然他这么无情无义，干脆离婚吧。她一听，脸色突变，这怎么行，孩子这么小！我说，那就是了，不能离，就好好过。

世上夫妻大多一样，不管当初的两个人有多相爱。当从浪漫的爱情中，踏入婚姻里，整天要面对柴米油盐的琐事，吃喝拉撒都在一起，哪儿有那么多美感，正因如此才会有七年之痒，你的只是提前到来，现在你能做的就是守着平淡的岁月，和他相濡以沫地过日子。从生活中去发现他的优点，对他好，偶尔去制造点新鲜感，让他觉得家是他的天堂，

你是他娇柔美丽的妻。任何男人都不会对这样的家这样的妻置之不理。

听过我的话，她反问道，凭什么让我改，让我去发现他的优点？他打牌不对，该让他改。我一听火来了说，爱改不改，反正受折腾的是你，不是我。说完我再懒得理她，她真是不可理喻。不过，从那以后，我耳根倒清静了很多，她再也没像祥林嫂一样在我耳边唠叨她老公的事。

没多久，她以孩子百天的名义请我们去她家吃饭。打开门，我就看到她满脸荡漾着小女人的幸福，忙来忙去，他老公抱着孩子献宝似的给我们看，不大的家里到处弥漫着幸福感。吃饭时，桌上竟摆了一盘色泽鲜艳的鸡肋，我看看她，两个女人心照不宣地笑了。她终于炒出了属于她们家的美味佳肴。我知道，这道菜是她特意烧给我吃的，以表感谢，其实我也在感谢她。这个女人用行动证明了我的观点是正确的，让我对时而让人无奈的生活多了些希望和信心，并把这个观点不遗余力地去转述给别人，希望碰到鸡肋问题的人都能和她一样，炒出幸福的生活。

你手上食而无味的鸡肋还不想丢弃的话，就要想办法，积极努力地把它炒成美味可口的佳肴，也算两全其美。如果你还在犹豫、徘徊、彷徨不定，也许没等你把鸡肋丢掉，鸡肋早已弃你而去，若再想把鸡肋炒成美味，已为时晚矣。

Part 3

秋之胜利果实
——三个人太挤

别人的大腿再粗，也是别人的，抱得再紧，也有抽走的一天。相对于第三者来说，与其非法竞争，不如合法开拓，给自己一个温暖的未来。拥有独属于自己的真爱，才是正道。

不要做奢侈品

成不了他的必需品，也坚决不做他的奢侈品——任其用则要，不用则扔。

一个女读者哭诉着打来电话，她的他突然从她的生活中隐匿了。她疯狂地四处寻找，可是两天后，他的朋友告诉她，因为公司破产，她寻找的男人已带着妻儿离开了这城市，让她别再找他。

当时，她痛不欲生，心如玻璃碎落一地。她说，即使在那一刻，她依然不顾自己的心痛，挂念他、担心他，心疼他仍多于他不要她的伤痛。她只是不明白，他为什么连共患难的机会都不肯给她？

她游魂般游荡到女友家，女友不但没安慰她，反而说她是自作自受，当初无论如何都不听别人劝，没名没分，也铁了心要与他在一起。

因为女友对她的不理解，她找到了我。

对于她的疑惑，真实的答案很残忍，我只能对她说，本不属于你的东西，没了也没啥好难过的，只是记住，以后不要再做别人的奢侈品。

我没对她说出口的真相是：你以为你是谁，他为何要与你共患难？！其实，你于他而言只是一个奢侈品，有能力消费的时候就娱乐一下，现在他满脑子都在想着如何填饱一家大小的肚子，哪还能消费得起你？不扔了你，难道还奢望他带着你这个大包袱上路啊！还说他离开你活不了呢？！人只有离不开生存所需的必需品才活不了，比如粮食、水。而你，顶多是饭后甜点，吃不吃都一样可以活下去。张爱玲爱胡兰成已低到尘埃里，然而他落难时，他还是弃她而去。落难时，胡兰成需要的是一日三餐，而不是和才女谈论文学艺术。

电话那边沉默很久，她说，她的确只是他的一件奢侈品，在他经济富裕时，她是供他娱乐的奢侈品。一旦大难来临，他首先抛下的便是她这个奢侈品。

我说，是啊，对于他来说，父母妻儿是必需品，是绝对不会抛弃的，

纵然走到天涯海角，只要活着一天，即使不带着，他总要与他们联系的。而于你，也只能选择放弃，就算以后他发达了，也与你无关。你连骂他是陈世美的资格都没有，毕竟你不是他的发妻，没有与他共患难过，多亏啊！

想想，如果当初这个女读者爱那个男人，而不用这种方式相处，或许，她会有与他共患难的机会，也不会失去他。比如，做不成爱人，做朋友也好，朋友间患难见真情，友谊更能地久天长；做不成爱人，退而求兄妹也可，做他的妹妹，让他宠着爱着，名正言顺地加入他的生活，他亦不会不理他的妹妹，音信全无；做不成夫妻，做他的红颜知己也罢，陪他欢喜陪他忧，无论在何时何地，他过得好坏与否，都不会忘记和红颜知己去说；做不成……

聪明的女人，不管你如何爱那个男人，如果不能白头偕老，做不成夫妻，就一定要找一种能携手到老的关系，如朋友、兄妹、知己……都好，倘若连这些都做不到，那就成为路人吧。总之，成不了他的必需品，也坚决不能做他的奢侈品——任其用则要，不用则扔。

动心，别动身

动心是一种感觉，我们无法控制。动身是一种行动，可以随时叫停。

春节后第一天上班，刚打开QQ，自称“资深色狼”的老林就发来一条信息，亲爱的，年过得如何？我笑了笑回答，还不错，就是胖了好几斤，正愁着如何减下去呢。本以为上知天文、下晓地理的老林会提供点行之有效的减肥方法给我。不料他却说，减啥，胖了好，男人无肉不欢，我就喜欢有肉感的女人，手感好。我一边骂他嘴贫，一边不自觉地笑了，刚刚为减肥而烦的愁绪顿时烟消云散。这个老林，总有办法让我转忧为乐。

我还没笑完，就僵住了，一回头，发现同事像发现新大陆一样，眼睛一眨不眨地看着我。显然，她肯定是看见我和老林的聊天内容了。我正想着如何跟她解释，她却先发制人，问：“是情人？”

我说：“切，才不是，就是一个比较好的朋友，你别想歪了，我和他的关系可是比蓝天白云还清白，就是平时说话随意了点，这样相处起来才轻松。”

同事听完笑了笑，说道：“真的假的？是什么样的男人让我们单位的才女这样刮目相看，任其调戏？你平时可是一本正经，人家连句玩笑都开不得的人啊！”

“那当然，老林可是男人中的极品，长得虽不帅，但幽默风趣，才华横溢，最重要的就是善解人意，说话虽随意了点，但一般比较有水平，用他的话说就是‘色得很艺术’。”我笑着回答。

“这么好，你就不想占为己有？我不相信你不动心。”同事反问。

“是动心，但绝不动身。”我纠正道。

“我才不信！”同事丢下这句话准备走人。我是肯定不能让她走，要不然，这个大喇叭一转身，肯定要毁了我的一世英名。我一把拉住她说：“真的，只是偶尔见面喝喝茶，聊聊天，绝对没有越雷池半步。我

和他都认识四五年了，你想，如果真的在一起，能维持这么久且处得这么愉快吗？”

看同事仍不信，我就给她讲了个故事。有一个女人在外面找了个情人，偷点空就与其缠绵在一起。刚开始，还你情我愿，相安无事，谁料不出一个月，矛盾就出来了。男人觉得她很烦，又不是他老婆，整天对他要求这要求那。女人也觉得吃亏，同样是他的女人，自己不能光明正大地花他挣的钱，他还不能天天陪着自己，要多委屈有多委屈。放弃他，又舍不得。于是，一发狠，和丈夫离了婚。她以为，这个男人这么爱她，她为他连婚都离了，他一感动就会离婚娶她。

没想到，男人一看她这阵势，吓得整天躲着她。聪明的男人都知道，离了婚，再娶一个，过几年还是一个样，说不定会更差，没事折腾啥。女人没办法，就跑到男人的单位去，可想而知，事情被闹得沸沸扬扬，身败名裂的还是她自己。男人回家对老婆软言忏悔几句，过幸福生活去了，只留下她孤孤单单一个人，哭都哭不出眼泪。

男女之间，一旦有了肌肤之亲，不管任何关系，都意味着责任与义务。如果这种责任与义务不受法律保护，见不得光，结果肯定是不容乐观的。

思绪飞了一圈后，才发现QQ头像在不停地闪着，是老林发来的消息，他说，亲爱的怎么了，来，亲一下。

我笑嘻嘻地说，不能乱亲。他说，不乱亲，那就排着队规规矩矩地亲，再不就抱一下，总可以吧！

我说，也不行，穿着白衣服，不能抱，抱脏了怎么办，多难洗。他发来一个发疯的表情说，夏天穿得太少不能抱，冬天穿得太厚不方便抱，穿白色的衣服又不能抱，那什么都不穿才能抱？

看过之后，我笑了起来，告诉他，只要是别人的老婆，都不能抱。人家抱你老婆，你可愿意？他看后，发了个哈哈笑的表情过来。遂看到他把QQ签名改成：只是动心，绝不动身。

接着，我把签名改成：暧昧已好，何必成双。

如果把老林的签名作为上联，我的作为下联，应该加个横批：智者所见略同。

身为女人，我想，在每个女人的内心深处，也许都需要一个蓝颜知己。我碰上的虽说是色了点，但除了说笑之外，我知道他并无恶意，也没有不尊重我的意思。这里所说的蓝颜知己，不是婚外恋和第三者，只是相处得比较好，把握好相处的火候，不越雷池的异性朋友，确切地说，是心灵的度假村，乐了哭了都能让你的情感得到释放，而不用担心留下任何后遗症，释放情感后能一身轻松地回到生活中去。当然，这种暧昧的关系得以维持，其前提是必须心灵相近，而身体远离，否则，一切免谈。

做他吃不到的米

得不到的终究是最好的——越吃不到的，越觉得香，越能勾起他的食欲。

深夜，她还没睡，不是睡不着，而是不愿睡，在等他的信息。因为，明天是她的生日。她每年的生日，他都会第一时间送来祝福。此时，她会很自然地想到刘若英主演的《生日快乐》。

就算她是电影中的小米，他也不是小南。虽然他们是青梅竹马，他也一直爱着她，但后来，他因酒后的一次糊涂，和别的女人纠缠到了一起。他是个传统负责的男人，理所当然地娶了那个女人，以牺牲她的情感，来成全他的责任。对此，她无话可说。

然而，结婚的那天晚上，酒席散后，趁新娘子卸妆的空当，他躲在卫生间里打电话给她，哭得像个大孩子，哽咽着说："你知道自欺欺人的感觉吗？生不如死，还要欺骗自己一辈子。"她一直沉默，恨恨地想，早知如此，何必当初？

每年的生日，他都会打来电话，送她喜欢的生日礼物；当她有困难时，他会伸出援手；一有空便跑来看她，时刻牵挂着她过得好不好……对于这样的好，她受之无愧，谁叫他当初负了她？

面对彼此爱着的人，孤男寡女，常来常往，免不了有些暧昧，也有冲动的时候，想把对方占为己有，包括感情，也包括身体。然而每次到关键时刻，她总是那个逃兵。不是她不爱他，只是觉得委屈，为什么要把自己交给一个不爱她的人。她认定他是不爱她的，要是爱，为什么娶了别人？要是爱，为什么总把她"藏"起来？

他也从未因此而恼火，对她的好依然如故。这样一个男人，她找不到理由去和他生气。他说，生活的平淡，老婆的唠叨与想象中的美好的婚姻，为何只因换了一个人就这般不堪？！

故事说到这里，其实，这男人若娶了她，生活也会如此。没有任何

一种激情能超越初恋，也没有任何一种情感能经久不变，即使是再惊天动地的爱情最终都会趋于平淡，在琐碎的生活中光华渐逝。如果说，要真有，那就是得不到的，才始终是最好的。

在感情上，女人往往注重的是结果，而男人往往注重的是过程。男人仿佛与生俱来都有种很强的征服欲，当目的达到，很快就会把目标继续聚集在锅里煮着，且不知将来会成为谁碗里的米。

聪明的女人，你应该想着，永远要做那粒男人吃不到的米——越吃不到，越觉得香，越能勾起他的食欲，成为他心中那颗最亮的星星。试问，有谁不喜欢对着天空遥望美丽的星空，用仰视的目光追逐着自己喜爱的那颗星？他爱你，眼巴巴地看着你，却得不到。有距离，更会产生美，越美，越让他一辈子想着念着你。

文中的女孩一直单身，心里想的盼的应该也是那个得不到的他。

我忍不住大胆地猜了一下，他当初不娶她，莫非就是为了让她一辈子想着念着他的好？

这也太可怕了吧！这招有点狠，欲用请三思。

只能清白

自从他娶了别人做新娘的那一刻，在后来的日子里，你们之间只能保持清白，别无选择。而保持清白最好的方式是，不再相见。

他去北京出差，要待半个月，打电话约她去玩。而她终没能放下爱情本身，答应了他。虽然此时他已有家室，仍不妨碍他们怀念并渴望重温初恋时令人魂牵梦绕的日子。

走之前，她在网上和一个身在北京的男笔友说，要去北京，去见初恋，顺便看看他的庐山真面目。这个男笔友在圈内一向以色狼自居，便坏笑着说，如果有机会，就顺便献个身给她。她莞尔一笑，知道他开玩笑，他曾说过，因为太熟，只能清白。

当她这个可爱的大脸猫活色生香地立在笔友面前时，对方眼里迅速闪过一抹光，继而便一脸质疑地问："真的是去见初恋？那不浪费你的时间了。"她笑着答："不急，因为太熟，只能清白。"接着，两个人在北京的街头肆无忌惮地大笑起来。

见了少年时爱恋的他，她便开门见山地问："让我来，是因还爱着我吗？"他认真地点头。她并没有追问他为何爱她，终是娶了别的女人。有谁的初恋情人不是在别人的怀抱里？她亦不例外。说到底，初恋只是用来想念或忘记的。

她对他说："那就让我住你隔壁吧！"

他满脸不解，眼神如突然受了伤般黯淡下去。她没解释，就兀自拿了身份证去前台登记。她想，如果他真的爱她，懂她，会明白的。

虽然这样想，晚上躺在床上，她还是辗转难眠，不只是对陌生的床不适应，心里有些小小的愧疚：应他之约，无疑是许了一个让他到天堂的梦，现在又把他推向地狱，未免有点太残忍。同时，心里不是没有遗憾的，来北京，不就是为了重温那些曾经的美好吗？那么，又为何要选择孤枕独眠呢？

寻思着要不要给他打个电话，又想到他娶了别人做新娘，她心里便恨。又想到那些令人忍不住在脑海里循环播放过千万次的美好回忆，不是不想重温旧梦，只是心里像有两个小人儿打架一般心神不定。不知何时，可能是由于旅途劳累，抑或那两个小人儿大战三百回合后难分胜负，也累了，倦极入睡。

第二天，他便说，去爬长城吧！她笑着点头。记得五年前在长城的好汉坡上，他曾说过，我们的爱会像万里长城一样永垂不朽。当时她只知道一脸幸福地傻笑。现在想来，这傻笑如同被幸福浸泡过又拽出来一样，变了模样，变了质，从甜到酸楚。

在八达岭长城上，目光沿着这些写满历史的灰白色的砖墙望去，她仿若闻到了旧时光的气息，想着五年前的诺言，无论如何他算做到了，虽然他已不属于她，她还是有些感动。感动的瞬间她想着，如果他晚上敲她的房门，她会开门让他进来。

突然，一个摆摊的商贩拦住了他们的去路。商贩手里拿着一个印着以长城为背景、一对笑若繁花的情侣的杯子对他们说，拍张合影吧，印在杯子上，一辈子都不会褪色。她看了便心生欢喜，喜欢那句“不会褪色”。遂向商贩说，好，拍一张吧！

身边的他突然说：“我不拍，要拍你自己拍吧。”她满脸不解，当然心里也受了伤，这表情与他在她独自开房时的表情如出一辙。再看他一脸紧张，瞬间释然，他已选择与别的女人相伴一生，又怎么会与她永不“褪色”呢？

如果说之前的她有过犹豫，在经历过“杯具”事件后，她骤然明白，旧梦原本就不该重温，也重温不了。物是人非，谁又能让时光倒流呢？

从长城下来后，她笑着对他说，要回去了，时间久了，怕男友担心。他亦笑笑点点头。

她和他，自从他娶了别人做新娘的那一刻，在后来的日子里，只能保持清白。而保持清白最好的方式是，不再相见。

已婚男人，请勿骚扰他

君子爱财，取之有道。女人爱男人，也要选之有道。

有意无意，耳朵里总被关于已婚男人的信息塞满：某某青春靓丽的女孩爱上了别人的老公，爱得生死不弃，男人不肯离婚，女孩只有独自伤神；结了婚不甘寂寞的女人看到别人的老公比自己的老公好，略有想出墙的念头，或是想证明自己的魅力，或是想给平淡如水的婚姻加点调味品。当然，已婚男人是被女人和生活打磨出来的精品，像一个散发着香味的面包，不停地诱惑着情感饥饿的女人们。在感情世界里实在说不好谁对谁错，女人们想要一个好男人没错，男人们自成精品诱人也没错。

当我在网上看到“调戏这事，做好了叫调情，做不好叫性骚扰”这句话时，心里就有了结果。不管做好或做不好，调戏自家男人或女人总是没有错，合法的，如果调戏的是别人家的，再好，伸出手已负盗名，自己还要承担后果，损人不利己的事做它干啥？

我认识一个女人，个性非常要强，小时候抢玩伴的东西，再大点就抢别人的男友，不得不佩服她每次总是凯旋。后来终于和她认为最难抢到手、最适合她的男人结了婚。但看到谁的老公若比她老公强时，又旧病重犯，心痒起来。都是已婚的人，自然不好明目张胆地抢。但手机是个好东西，无孔不入，她便开始发短信给她心仪的男人，男人向来对于送上门的肥肉，鲜少会拒绝，自是欣喜不已。她虽然结了婚，仍是美貌不减当年，还多了些成熟女人的风韵。一来二往，两人如胶似漆，甚至男人要和自家的黄脸婆离婚，娶她为妻。

她吓坏了，原本只是想证明一下自己的魅力，并不是真的想要离开爱她的老公。原本以为不错的男人，在一起相处久了，发现和自己的老公没啥两样，甚至还不如自己的老公。无奈那男人发起狠来，缠着她不放，并扬言如果她不同意，就把他们的事告诉她老公。她一脸愁容地来找我，哭着说，她只是想疯一下，并非想要嫁给他。我说，你以为随便骚扰一下就完了，凡事做了都要付出代价，承担不起就别玩。

不免想到另一个朋友。她未婚，喜欢上一位已婚男人，那男人才华横溢，成熟稳重，风趣幽默，还温柔体贴，是集各种精华于一身的三十出头的男人。她忍不住找着借口打电话给他，没想到他不接，反而发短信告诫她："千万别在晚上给已婚男人打电话，最好连短信也别发，多危险。"她问，你不喜欢我吗？他说喜欢，但喜欢归喜欢，男人一般都不会离婚的，不离婚，你愿意做情人吗？

她当然不同意，每个女孩都希望和自己喜欢的人相伴一生。幸福是活在太阳底下的，见不得光的快乐定不能长久。无疑他是一个聪明的男人，越是这样，她越喜欢他，非逼他离婚娶她不可。她还专挑晚上的时间打电话给他，他不接，她就发一些深情表白的短信，一条接一条不停地发。可后来他婚没离，她倒快嫁不出去了。他老婆还拿着他的手机来单位大吼大叫着说："来看，看你们单位不要脸的狐狸精，我老公不理她，她还死缠着。"自食恶果，过分任性会带来惨痛的教训。

可见，不管你未婚还是已婚，在骚扰一个已婚男人之前，都要想好后果，自己能否承担得起。如果男人接受你的骚扰，最多也就是个地下情人，不仅让男人占了便宜，到头来你还背负个狐狸精的骂名。地下情一旦败露，男人会得了便宜还卖乖，对他妻子声泪俱下，说一时受不了诱惑。然后人家夫妻和好如初，你伤痕累累痛不欲生。如果不接受，你只能自找难堪，再一意孤行，到头来只会自取其辱。

别人的东西即使再好也碰不得，特别是已婚男人更是惹不起。骚扰就像一根导火线，你轻轻一拉，一旦燃烧起来后果将不堪设想，往往炸伤的还是点火的那个人。再说，跟已婚男人调情，那就是滥情，不尊重自己。所谓君子爱财，取之有道。女人爱男人，也要选之有道。

当然，每个人有每个人的生活方式。当你寂寞了，无聊了，想找个人做一回寂寞的解药，也并非不可，但切记，已婚的男人动不得！找个自由之身的男人，只要是两相情愿，你爱咋的咋的，说不定还会有意外的收获——修成正果呢。

女人别“博爱”

“博爱”所带来的一切后果都要自己承受，和他人无关，纯属自作自受。

从古至今，一个男人喜欢或同时拥有几个女人，都好像没有什么不对劲。要是某个女人和老公以外的男人有一点暧昧的神情，都被冠以荡妇之名，对女人来说，这是极大的不公平。但如今不知谁，又给男人的多情抑或花心美其名曰地冠上“博爱”的头衔，无疑为蠢蠢欲动的男人出轨制造一个光明正大的理由。

平日里，经常听到女孩说，她的那个他如何花心，见到美女就两眼放光，全然不把自己放在眼里，委屈至极，但又舍不得放弃除了花心之外基本上称心如意的男友，只能发发牢骚而已。日子照样过，太阳还是那个太阳，无处不温暖人心，男友还是那个男友。久而久之，男人花心便被默认为一种平常之事。

一般男人都会怜香惜玉，而惜的多半是不属于自家的“玉”，当然，前提必须是那女人要有让他看得上眼的地方。因此，几个女人在一起时，便会相互开玩笑地说，你的他这么帅，要看紧点，小心被别的女人抢了去。听到者，再联想媒体上无孔不入的婚外恋、一夜情，大多数聪明的女人便恐慌不安地去美容健身，来美化自己，生怕别的女人抢去了身边的好男人。

有个女人却说，怕什么，由着他去，他做初一，我就做十五，婚外恋，谁不会，女人想找情人的话，总比男人要容易。听的人都会佩服其勇气可嘉，但很少会照做。说来也巧，后来说这话的女人，其老公因她太自我，真的在外面找了个温柔似水的女孩。要强的她一时接受不了，却拉不下面子和老公大吵大骂，其实吵骂也无济于事。她索性也在外面找了一个情人，并故意留下蛛丝马迹让其老公得知，欲报复而后快。

没料到，才过了几天，她走在街上会被很多异样的目光盯着，老公又拿着一纸离婚协议找她签字，还骂她不知羞耻，她反问道，为什么他能找而她就不能找。他便说，我是个“博爱”的男人，找她是因为她比你更像个女人。看在患难夫妻的份上，不忍心抛弃你，本来是想在外面玩玩而已，既然你已找到下家，那就离婚吧！女人拿着离婚协议无奈地签字后，开始痛哭，大骂世俗不公，为何男女都出轨，男人出轨是人之常情，却都骂女人是荡妇呢？受到的待遇真是天壤之别。

痛苦不堪的她找到几位好友，那几位好友虽对她老公的行为嗤之以鼻，但都说她做得也过分了点。好友很有经验地告诉她，最好的办法是让自己优秀一点，对老公更要好一点。如果发现老公发生婚外恋，要么干脆离婚，不想离婚的话，就只能装作不知道，再慢慢挽回老公的心！不一定自己也去找啊，现在不但老公没保住，还作贱了自己，被别人瞧不起，多不划算。

她听完，虽然气愤，但事已至此，能怎么办呢？恨恨地想，“博爱”自古以来似乎被定为男人的天性，也可以说是男人的特权。男人们出轨，顶多被说为风流成性，而女人万万做不得此事。不管你想不想要这个婚姻，在没离婚之前，切莫轻易地去“博爱”。那样受伤的总是女人。

不管男人“博爱”是多么天经地义，结果不乐观是显而易见的。放眼望去，男人发生婚外恋后，结果无外乎是妻离子散，事业家庭毁于一旦。女人没必要抱怨老天不公，更不可以其人之道还治其人之身。不管是男人还是女人，“博爱”所带来一切都要自己承受，和他人无关。想要“博爱”之前，把有可能的结果都想一下，自己再作决定也不迟。

和情敌同穿一条裤子

与情敌为伍，做得比她出色，才是明智之举。

看到这个题目，你可能会觉得我脑子进了水，和情敌同穿一条裤子，保持统一战线？是的，如果你想守住另一半的身心，与其不惜大张旗鼓地和情敌刀兵相见，直至筋疲力尽，亦不能断定花落谁家，还不如换个兵法，与情敌为伍，并肩作战，只要你稍比她出色，就可大获全胜，何乐而不为？

一般女人只要嗅到情敌的气息，瞬间就会化身如善战的老母鸡一样，全身防备，双目通红，恨不得立刻将其揪出来，碎尸万段，彻底从生活中抹去。事实上，这样做没有任何意义，赶走第一个，还有后来人，在这场无比漫长的持久战里，没有谁可以是永远的赢家。而且，从古至今，只有化干戈为玉帛才能真正解决问题。

事实证明，果真如此。

平时一有闲暇，姐妹们聚在一起，最喜欢谈论的莫过于美容和男人。男女之间，喜欢谈论异性的区别在于，男人们总是讨论老婆以外的女人，而女人们往往更喜欢讨论自己家的老公。因此，总有好心的姐妹提醒我，得把自己收拾得漂亮点，免得男人起外心，现在外面年轻漂亮的女孩可不得了，再好的男人也禁不起诱惑。一个姐姐就不以为然地说，有情敌是好事，年轻的更好，青春无敌无须敌，情敌不老，你便不会老。

听了她的话，大家都不能理解，可也都无异议，因为大家一直都很佩服她，她的老公不但英俊多金，且不曾有过绯闻，有女孩缠着他，他也置之不理，一心一意只爱自己的老婆。

见我们一脸迷惑，这个姐姐笑着说，随着小鱼儿一天天爬上眼角，老公的公司里大把青春靓丽的女孩整天在他身边围绕，自己也曾恐慌过，整日提心吊胆、拐弯抹角地盘问老公，偶尔还去公司来个突击检查，企图找出蛛丝马迹来。结果，不但把自己整得很累，老公也不耐烦，和她

说，如果他要变心，只是因为她没她们好，不如把这些时间精力用在自己身上，让自己变得优秀一点，一心只想着看牢男人有什么用。

生性好强的她，听老公这么一说，立刻来了斗志，这个斗志不是体现在怎么和那些漂亮女孩互相诋毁谩骂，只有愚蠢的泼妇才会这样做，而是不断提升自己的魅力，力争比那些女孩更优秀。这样呢，只要你的情敌不老，你便不会老，青春无敌也无须敌，因为年轻女孩有年轻女孩的水嫩，成熟女人也有成熟女人的风韵。

再者，有情敌的确是一件不错的事，除了证明自己的男人很不错，有魅力，还能帮自己看好老公。你只要找一个老公稍青睐的女孩为伍，争取做到比她优秀就行。在她眼里，男人的老婆就是一个黄脸婆，断不会把自己当成威胁来看，至于其他的情敌，她自然会全部帮你一一击败。

听到这里，大家都呵呵地笑开了，问是不是真的，这位姐姐笑而不答。大家开始你一句我一句地议论。有的说，说得真对呢，与其把时间浪费在跟踪盘问上，不如想着怎么样让自己变得魅力四射。还有的说，是啊，哪个第三者会把男人的老婆当成大敌来看呢，充其量只是认为时机未到而已，那就让情敌们之间先打内仗，老婆在提升自己魅力的同时，便可以坐收渔翁之利呢！甚至有的说，情敌其实就是一面很好的镜子，能看到别人所长、自己所短，取长补短就万事大吉了……

每个人的恋情或婚姻都是各不相同的，此方法或许不能套用。但我想，有一点总是相同且相通的：你爱一个人，肯定想着和他相伴终生，白头偕老。然而人生漫长，会有不止一个情敌出现，如果整日只想着如何打败情敌守住男人，真是大错特错。老公不是战利品，他是活人，有主动权，就算你打败情敌，他也不一定是你的。而让他离开你的真正原因，一定是因为你不及别人好。

幸福很抽象，生活很具体。想得到抽象的幸福，就需要在具体的生活里学会妥协，不计较。恋爱和婚姻也一样，如果想要得到你想象中的美满生活，就要学会与闯入你生活中的情敌妥协，不计较。与之为伍，做得比她出色，才是明智之举。

男人出轨等于上趟 WC

如果他想吃豆腐时，你是豆腐；需要解酒茶时，你是他的那碗茶……男人在家里能得到所需要的，也不会舍近求远地到外面瞎折腾了。

老公出轨了，而你还爱着他，怎么办？很多人作出的选择无非有两种：一是凉办，离婚；二是热调，隐忍。事实上，无论哪一种都不是上策。离婚的成本大，风险更大，据说生活质量会倒退十年，找到自己爱的人不容易，离开自己爱的人更难。可是隐忍也没意思，先不管男人爱不爱你，但不在你身边，给别人暖身暖心去了，要来何用，只不过是摆设而已。守着一件摆设委曲求全独自伤神，岂不太亏待自己。

那到底该怎么办？

那天和一个网友聊天，找到了第三个解决的方法。不能算上策，但对于女人来说，确实有用。

我问他，刚结婚的表妹的老公出轨了，表妹整天哭哭啼啼地寻死寻活，怎么办啊？

他说，出轨算个多大点的事啊，我外遇无数，照样家庭美满，妻贤子孝。让你表妹看开点，男人出轨等于上趟 WC，你管吃管喝管睡都情有可原，还要管着他上 WC，累不累啊！我老婆就想得开，别的女人找上门，她都能视而不见。相较自讨没趣的女人，她落落大方，不费吹灰之力抓牢我的心，让我觉得她是个懂事的老婆，很聪明也很称职。我在外面就是玩玩，谁再漂亮再妖娆都抵不过她的懂事。对男人来说，好妻子就是一个贴心体己的坚强后盾，若换上个一哭二闹三上吊的，我不烦死都得累死，巴不得早点甩了她落个轻松自在。

一番字字珠玑的话听得我心底是瓦凉瓦凉的。看来，还是男人了解男人。所以，若是你的男人出轨了，你又不想离婚，怎么办呢？一味地隐忍也不是办法，一旦爆发出来就更可怕。那就把他的出轨看成他上了趟 WC 吧！从生理的角度来说，也等同于上了趟 WC，只不过厕所变成

了某个女人罢了，也可以说成，那些不尊重自己的女人等同厕所，让男人解决了一次内急。

作为女人，我并非替男人说话，只是提醒女人要看开点，更要及时反省自己。男人出轨，女人也有责任。如果他想吃豆腐时，你是豆腐；需要解酒茶时，你是他的那碗茶……男人在家里能得到所需要的，也不会舍近求远地到外面瞎折腾了。这样说，或许对女人太苛刻了，有点刻意迎合男人，但如果你爱他，那么为他做的一切都应该是一种享受，而不是负担。在这场貌似迎合的婚姻里，男人只是个小赢家，得到了他想要的，而女人是个大东家，稳稳妥妥地赚足了一辈子的幸福。

若你没做足妻子该做的功课，退一万步来说，就是男人犯贱，为寻求刺激才出了轨，此时，如果你不想失去他，就别唯恐天下不乱地大闹天宫，没准还得独自收拾离婚后的烂摊子。如果你也不想活在他外遇给你带来的阴影里，不能自拔，如怨妇般数日子过，那就当他去了趟 WC 吧！此时，要警告男人，下不为例，可以定个期限，整改有效则留，整改无效时，就必须撤了。同时，要趁机好好地反省自己，向他喜欢的那碗茶奋进。

女人要为自己做长久的打算

二奶在扮演这个角色的时候，想到的是长长久久地为自己打算。因为，美貌不会长存，强者却永远受人尊敬。

最近，网上一个题为“一个二奶对良家妇女的忠告”的帖子很火，这些所谓的忠告对于女人来说，倒可称得上是金玉良言，因为，帖子中所说的每一句忠告，无不在提示女人：要独立，要自强，用美貌依附他人生活只是一时生活无忧，唯有自食其力才能一生无忧。说出这些话的二奶不得不让人另眼相看。

现摘抄一段：“女人要有事业，有理想，别光知道在家伺候男人，到时候就苦了。我一直就在为理想前进着，当然需要找人帮我。要想驾驭男人，你就不能把心都交给他，要让他觉得你深不可测。”

对此，我深有感触，女友欢天喜地地嫁给了自己爱的男人，心甘情愿地放弃工作，在家无微不至地照顾他，并对他许诺，只要他不先离开她，她永远会和他在一起，不离不弃，对他的爱至死不渝。

按理说，她老公该知足了，可是男人往往身在福中不知福，结婚没多久，在外面爱上一个女孩，对其百般宠爱。知情者无不为女友叫屈，可也有不厚道的开口为男人辩驳：是她活该，对男人掏心掏肺，倾其所有，让男人知道她是他的囊中之物，绝对不会跑掉。男人不放心大胆地在外面玩，那才叫傻呢！

当初我觉得说这话者太刻薄，现在想来，一个名不正言不顺被包养的第三者，尚有这番觉悟，何况要伴其左右、携手走过漫长一生的妻子呢？

接着说女友发现老公有外遇后，闹得鸡飞狗跳，并扬言要与其同归于尽。她老公听后吓得一天也没敢拖，先提出了离婚，并自愿净身出户。事情闹到这般无法挽回的局面，大家都劝女友看开点，没有了爱情，就多要点财产吧，离婚后日子也好过点，反正是他有错在先，有过错的一

方当然要在经济上多补偿对方一些。不承想女友又做了一个在二奶看来特别不明智的举动，女友说，男人都没有了，还要他的钱干啥，花得也不会快乐。言毕，挺着一身傲骨，挥挥手不带走一片云彩，走了。

如今，女友一时没找到工作，寄人篱下的她才恍然大悟，爱情不是生活必需品，没有爱可以生存，但没有钱一天都无法存活于这世上。不管男人如何负心，可是谁手中的人民币都是可以买来生活所需的，尤其在你没钱交房租、吃饭都成问题的时候。再说，夫妻共同的财产，属于你的那份不要，等于便宜了那负心汉。

对此，帖中的二奶还有一段非常有见地的话："到了一定年纪的女人，一定要有私房钱，或者把自己练成一个女强人，离婚时，你还能活得好好的。那些男人们，就是怕女人强大到无所畏惧，无所不能，离开男人一样活得很精彩时，他们就成了多余的。因此，我们要成为强者，美貌不会长存，强者却永远受人尊敬。"

看到这里，先不说二奶是一个多么让人不耻的角色，只是想就此告诉婚内的女人们：即使你身边有一个男人，并且还是合法有证的，但同时也要为自己做长久的打算。不管你是豪门贵妇，还是平民贤妻，都不能以为结了婚，甚至生了孩子，就理所当然地张嘴要食，伸手索爱。

就像帖中的这位二奶所说，美貌不会长存，强者却永远受人尊敬。若在美貌日渐衰退时，不懂得增强自己的实力，积存一个离开谁都能活得很好的资本，只能等人老珠黄，或者不用等多久，随时都可能过上被人遗弃、独自哭泣的日子。

女人们，若不打算一直处于被动的位置，都应该有所觉悟，有所行动，长久地为自己打算：有自己的工作，并定期存点积蓄，不断增强自己过得很好的资本和心态。如此一来，男人看到的将是一个生活积极、做事努力的伴侣，正常的男人都会欣赏并喜欢这样的妻子，婚姻里的良性循环从此开始，生活就会日益变得好一些，更好一些。

跟小三斗？根本没必要

与小三狭路相逢，根本不必与她斗，强大自己便可。

微博上曾有一条女性新标准被疯狂地转载：上得了厅堂，下得了厨房，杀得了木马，翻得了围墙，开得起好车，买得起好房，斗得过小三，打得过流氓。

相信很多女性都看到过这条微博，不过，仁者见仁，智者见智，依我看，这微博一定是男人编写的，把啥事都推给女人，自己好当大爷？

上面罗列的种种标准，除了斗得过小三这条，对于凡事自力更生的新时代女性来说，理所当然地要去做。自己想要的生活只有自己能给，做也是为自己做，而不是为男人。

真弄不明白，网上竟有很多人，而且还是女人，起义般振臂高呼：要站起来，团结起来斗倒小三，保护好属于自己的家园，保全幸福的婚姻生活。

幸福的婚姻生活是什么？最起码，夫妻要遵守婚姻的制度，即一夫一妻的制度，谁违反了，谁就该受到惩罚，而不是，男人有了小三，女人还得去和她战斗，并且要斗赢。婚姻中女人和第三者的斗争，和任何别的事情况不同，这根本不是两个女人之间的战争，而是夹在这两个女人中间的男人，他一个人的思想斗争，这斗争与女人其实没什么关系，凭什么让女人去斗啊！

再说，婚姻中一旦出现小三，那小三是怎么来的，肯定得需要男人配合，男人一旦有了二心，婚姻已不再是幸福完美的婚姻。一代名妓李师师曾因风流成性的皇帝赵佶宠爱一位方姓姑娘而冷落自己时说过："就算现在没有这位方姑娘，以后还是会有别的方姑娘。"

一位风尘女子在面对感情问题时，尚能这般睿智，身为新时代的女性，在男人变心后，竟扬言要去和小三战斗，让人情何以堪啊！

身为女人，在婚姻里一旦与小三狭路相逢，并非如临大敌，草木皆兵，严看死守，奋力抵敌，甚至大打出手，两败俱伤。这样斗的不是小三，是自己。男人倒落个轻松，坐收渔翁之利。

往好的方面想，就算你侥幸得胜，小三落败而逃，那接下来的小四小五……甚至小N，你该怎么办？难不成要一个接一个斗，当成终身事业来奋斗？到头来斗得身心俱疲，得个婚姻的空壳。一辈子就这样斗完了，多亏！

女人的终身事业不是婚姻，更不是为了保全已遭蛀虫的婚姻，去马不停蹄地斗小三。而是要为自己奋斗，上得了厅堂，打扮得漂漂亮亮，只为悦己；下得了厨房，自己想吃啥做啥；杀得了木马，翻得了围墙，保护自己的电脑，就是保护自己，再是平常普通人，整出啥“艳照门”来，也不光彩不是；开得起好车，买得起好房，奋斗事业，享受成果；打得过流氓，留得青山在，才能有好柴可烧啊！

当男人有了小三，打个不太恰当的比喻，权当你丢了把钥匙，要么不出声，要么把锁换掉。在自己还没有能力换的时候，伤心难过也只能是干吃哑巴亏。与其花费大把时间斗小三，不如把这些时间用来强大自己，等自己有能力了，想啥时候换锁，还不是自己说了算？

什么是亚偷情

婚姻里，最可怕的不是偷情，而是他有了爱情，对象不是你。

在一个网络群里，有人问，比偷情更刺激的是啥？很多人想了半天，说，偷情不就够刺激的了吗？还有更刺激的？

当然，只有更刺激没有最刺激，那就是亚偷情——无性外遇，发乎情、止于性的一种暧昧关系。如《飘》中白瑞德所说：区区肉体算得了什么？现在随便几个臭钱，想找个小三，抑或去专业市场，皆可获得。而婚后，想在门外找个人纯谈情说爱，获得一颗真心，这是多少钱也买不到的。

一个男人，不管他多么风流倜傥、放荡不羁，他的那根线头始终在他想念的那个人手里牵着，不管飞多远，那人一拉，他立刻乐颠颠地跑回去了。一个自称风流才子的男人自我坦白，他外遇无数，经常出入色情场所，但对于和他亚偷情的那个人，是有求必应，只要她想要，他就倾尽其力地给，但不包括性，因为他不想伤害她。唯有真爱，才会一直这么矜持着，不然，早过上偷情的生活，说不定也早结束了。

事实上，偷情者关系维持的时间要比亚偷情者时间短得多。偷情一般指的是偷人，注重的往往是身体的享受，爱做完了，情差不多也就消耗尽了。因为，一个男人两边奔跑，疲于应付，精力有限。而女人一旦跟男人发生了性关系，就会想占有他，纠缠他。男人怕的就是纠缠，缠得越紧，断得也越快。

而亚偷情就不同了，偷的是心，是需要感情投入、用心经营的，正因为还没有到上床这一步，人对于没有到手的东西都格外珍惜，越懂得珍惜就会保持得越长久，没准会缠缠绵绵到地老天荒。任你再三头六臂，八面玲珑，只能拴住他的人，却拴不住他的心，而人的行动是跟着心走的。他的爱意浓情只针对于他心念的人，于你，只是徒留一具空壳。

若已婚男人和别的女人暧昧被发现，仍旧口出莲花地辩驳：只是和别人随便聊聊，没有做对不起老婆的事（也就是没和人家上床）。那只是他不敢正视自己的良知，纯属拿性当挡箭牌。

能这样你情我愿“纯洁”地爱着，除了真正的爱，别无其他。婚姻里，可怕的不是偷情，而是他有了爱情，对象不是你。这世上，有什么比爱情更让人销魂的呢？想想，多可怕啊！男人和你生活在一起，同吃同住同做爱，日日想的，夜夜念的，却是另外一个人，这让人情何以堪？

你若爱你的男人，不要整天盯着他是否跟哪个女人走得近一点，也不要随便翻查他的手机，看他是否和哪个女人多聊了几句。我们要清楚明白：他的爱情对象是谁？若不是你，那就赶紧努力吧；若是你，就倍加珍惜，这才是长长久久幸福的秘诀。

拒做亚情人

凡事一沾个“亚”字，必定不是100%满意，爱情这事，一百减一等于零。

他有一个温柔乖巧的女友，远在他乡，看不见摸不着。长夜漫漫，孤身一人，偶尔他会想找个人陪伴。但他骨子里又自命清高，不想游戏感情，不想背叛女友，不能对女友之外的女人负责，但更不愿委屈自己。

某晚，他逛论坛时，一个帖子让他眼前一亮——你有亚情人吗？他迫不及待地打开浏览，原来，和他一样寂寞又清高，说白了就是既想找个伴又不想负责的男人多的去了。于是，有些比较有歪才的男人，针对此种情况想出一个退而求其次的亚情人来，既能打发寂寞，又无须负责，也谈不上背叛，一举多得啊。

他看过帖子之后，立刻想到了她。在这个城市里，他最知心的她——一个喜欢他，他亦不讨厌的女孩。他发信息给她：让我们做一对亚情人，好不好？

很深的夜，她突然收到他的短信，心里自然是高兴的，他有女友，也不妨碍她对他有过非分之想，女友毕竟不是老婆，一切皆有可能。但打开短信一看，她迷糊了，她只听人说过亚健康，没听过亚情人。

他随后向她解释：亚情人，就是比情人少一点，不上床；比知己多一点，可以拥抱，接吻，小面积肢体接触。

她看后，如吞了一只苍蝇般难受，先前对他的好感荡然无存。她一直是用仰视的角度去看他，从他对他女友的专一态度来说，她认定他是一个负责的男人。她确实喜欢他，对他曾心存幻想，但毕竟是别人的男友，看看就好。而现在，他连令她仰慕的资本都没了。

她泄恨一样地摁着手机键盘，拨通后，冲他嚷：“谁稀罕做你的亚情人，再见！”说完，她挂了电话，然后，泪流满面。说不清为什么哭，她只是觉得生活真没劲。连看着这样好的男人都这么无耻，她憧憬的美好爱情，还会有谁来给她呢？

她把这件事说给朋友听时，朋友笑着说她做得对极了。亚情人，听着就像是上不了台面的地摊货。本来情人就是一般女人所不齿去扮演的角色，再加个亚字，要多不堪就有多不堪，即便不上床又怎么样，亲也亲了，抱也抱了，一瓶纯净水被滴了一滴油进去，谁敢说水还是曾经纯粹的水吗？不管放进一滴或一勺，说到底，水的清白是给油玷污了。

后来，再遇到心仪的男人时，她都会先问，如果她做他的亚情人，可以吗？朋友知道后，都说她神经，骂她贱，竟主动要求当别人的亚情人。她却一脸坦然，笑而不语。三个月后，她终于觅得她的如意郎君，那个唯一拒绝让她做亚情人的男人。

朋友们这才明白，原来她是在试探男人们呢？她笑着说，真正爱她的男人，才舍不得让她做亚情人。凡事一沾个“亚”字，必定不是100% 满意，爱情这事，一百减一等于零。

如果得了亚健康，应该赶紧去看医生。如果很想找一个亚情人，应该去精神病院。正常人，谁也不愿意委屈自己做谁的亚情人。说来说去，亚情人只是男人们想占便宜又不想负责任自保清白的一个美其名曰的借口。

莫扰旧情

旧情扰来，只有疼痛和伤心，这种旧情不要也罢。

对于男友或老公的前任，是横在每个女人心里的一根刺，一经触及便隐隐作痛，惹来不快。类似的故事听了很多，现从中挑选一个极品妻子的事例，用第一人称整理如下：

在逛超市时，前男友军的新婚妻子发来问候的短信。我没理会，没过几分钟，她又打电话过来。说是打电话还不如说是骚扰，打了就挂，挂了再打，真是有点神经。虽说军是我的前男友，现在既然娶了她，她也算赢了，没必要在我面前摆什么谱了，还来招惹我干吗？

后来我被她折腾得烦了，忍不住打电话过去，问她到底想干吗。她说县城买不到火车票，想让我在小城帮军买张票。我说，既然是帮他买，他自己怎么不和我说。她说，你知道他的性格，他不想麻烦你。

我无比烦躁，说，是吗，既然不想麻烦，就不要麻烦了。正准备挂断电话，没想到她接着对我吼道，你什么意思，发短信不回，让你帮忙买张票也不想买，看不起人，还是怕我们不给你车票钱？我一听，顿时如吞了一只死苍蝇般难受。军选择的居然是这样一个自以为是、小肚鸡肠的女人，而我在军心里，摆明了还不如这咄咄逼人的女人。我索性对着电话吼了回去，大小姐，并不是每个人都像你一样有男人养着，可以不用做事，整天盯着手机。至于车票，买是看在和军的情分上，不买是本分，没你啥事。我挂了电话，瘫在地上突然泪流满面……

我恨恨地想，既然她抢走了我的前男友，军也娶了她，他们生活得如此幸福，何苦还要来骚扰我呢，心里觉得委屈得很。但看在爱的面子上，我始终放不下军，尽管当天很忙，我还是抽了点空去火车站帮他买票。刚过完年，车站里人山人海，售票厅里排队的长龙都排到火车站的广场上去了。随着队伍不停地往前挪，我莫名地觉得心酸，我想我这是干什么，真是的，为了一个不要自己的男人，来遭这份罪。幸运的是，排了将近半天队，那么多人没买到票，我却买到了。要不然，他老婆又该说怕他们不给我车票钱了。我终究是一个俗人，很在意任何一个人对我的看法。

军来到这里已是晚上八点，当时，我在朋友家吃饭，他下了车打电话给我，我告诉他往北走，我这就去接他。他居然反问我，哪里是北？我想笑又没笑出来，还好我没嫁给这个男人，这么点大的小城，四通八达的路，居然不知道哪里是北。片面也好，武断也罢，对于军，我想我心里多多少少释然了。

纵然心里再怎么不舒服，我还是送他去了车站。因为，他刚到时，他老婆的电话便接踵而至，问军到了没，还用盛气凌人的口气对我说，军又变帅了，让我多看几眼，不看的话，以后难得有这么好的机会。我想，如果军走丢了，我是不是得负责赔她一个和军一模一样的老公来。

不管怎样，我总算把军送到了车站，而军好像是理所当然地让我送他，而后我一个人回家。对于这一切，我虽难过但也无话可说，他已经不爱你了，又怎么会关心你，担心一个女孩子深更半夜回家是否有危险呢？记得以前，纵然是晚上八点，他也会把我送到家门口，看着我进门后亮起灯光才会离去，现在呢，物是人非，心已变。

在他上车的那一刻，我很郑重地请他转告他的妻子，以后请不要再打扰我。还有他，如果没必要，我们的今生缘也就到此为止。说完，无视他满腹的疑问和不解的眼神，我决然而去。

偏激也好，无情也罢。过去的令人伤心的事，提起来就是揭伤疤，而他们的幸福时刻像盐一样撒在我的伤口上，让我有撕心裂肺的灼痛感。他或许永远也想不通，为什么我爱他，却此生都不想再见到他。

这位女孩做得非常正确，对于抛弃过我们的人，由于人性的弱点，我们大多见不得他们幸福，因为他们越幸福，就越提醒着我们的失败，暗示着我们的落寞和不堪。只有我们过得比他们好时，我们的心理才会平衡。如果你们过得很幸福，就请别再来打扰以前的恋人，那会让其更痛苦。眼不见，耳不闻，心也不痛，多好。事实证明，旧情扰来，只有疼痛和伤心，这种旧情还是早抛开的好。

最后的请求，纯属多此一举

若爱没有了，再向他索要任何东西，无疑是画蛇添足，多此一举。

喜欢上银饰，是从懂得爱美之心的那刻开始，有一个散发着月白一样光泽的银镯子是她最大的梦想。懵懂爱情时，她就幻想着一个王子拿着银镯子把自己圈住，送的人和接受的人会在圈子里相爱相伴一生。

每日上街，她的目光总在首饰店内各式各样的银镯子上流连忘返，却始终没买，最喜欢的东西要最爱她的人赠送才匹配。

先后谈了几场恋爱，从没有人为她买过银镯子，正因如此，她才和他们分了手，一个男人不能洞悉自己的女朋友心里所想所爱，怎么能证明他是用心来爱你的呢？

在将要对爱情对银镯子产生绝望时，她爱上一个男孩，是大四时转来的同学，他有宽宽的肩，坚定而执著的眼神。就是那眼神最让她着迷，令她疯狂。在眼神相撞的那刻，爱情便在彼此的眼底生了根，他们利用最后一年的时间天昏地暗地爱着，当别人去实习、联系工作时，他们依然花前月下，无比浪漫地紧抓着幸福的尾巴。他说毕业后他们就结婚，让她做他最幸福的新娘，她听后幸福得一塌糊涂，全然没有想到银镯子。原来，有了爱，一切都变得不重要了。

毕业后，他们为生活奔波着，为找工作而彼此失去了联系。在三年后的同学聚会上，当很多人让自己的宝贝叫她阿姨时，她才觉得，自己被剩下了，而他，身旁已依着一位佳人。他看到她一个人时，神情有瞬间的惊诧，但很快便恢复如常。他可能没想到，她还单着，难道在等他？

她睁大眼睛看着他们，怕一不小心那些泪水就会泄露她的秘密，她对他身边的女人很勉强地微笑着，僵硬地说着祝福的话。转过身后，泪流满面，滴在支离破碎的心里，有一种夺命的痛。

当晚，他不知道从哪弄到她的电话，打来说：“真没想到你还等着我。”语气里掩饰不住的得意。她哽咽着说不出一句话来，只知道拼命

地哭。他说，这两年混得不太好，怕她跟着他受苦，才选择了别人，离开她也是因为爱她。

她听着他的无奈的解释，心里很恶心，“啪”地挂了电话，躺在床上哭成泪人。哭完后起来，抓着一瓶酒灌了下去，喝过顿觉头脑发热，眼前不停地闪出他的笑脸，笑着对她说，等他娶她。

她鬼使神差般地抓起电话，按了回拨键，哭着问他：“你到底爱不爱我？”这是女人的通病，她也不例外，明明事实就摆在眼前，却还要一个虚假的答案来安慰自己那颗受伤的心。他说，其实他现在还爱着她，只是他要对那个女人负责，婚期都定好了。

那谁对她的青春、她的等待负责呢？

她神经质地向他要了一副银镯子，在她最初遇见他时，就想要的东西。现在爱情已经没了，至少得抓住点东西来伴着回忆，温暖心灵。

没过几天，一副精致的银镯子就邮寄到她手中。手中的镯子散发的光泽却惨白刺眼，更像她没了爱情的生命，没了活力。得到了最爱的人送的银镯子，并没有她想象中的那么幸福，反倒是躺在床上，依然很难过。银镯子只是一个物品，而她真正想要的，是送银镯子的爱人。

有爱的时候，什么物品都不重要。爱没有了，就更加不重要了。爱情的收尾，以一副没用的银镯子终结。其实，不如不要，免得被他说，已给了她想要的东西。有时候，女人喜欢男人送礼物给自己，往往在意的不是礼物本身，而是礼物背后那颗愿意为自己付出的真心。

比净身更可怕的是净钱

“有钱能使鬼推磨”，这话一点儿不假，若是爱的人让我们在精神上受了委屈，钱却能在物质上让我们的生活不受委屈。

一个很久没联系的老同学桃子打来电话，发疯一样地说，要废了她老公。得，不用说，她的天照亮了别人。

桃子是我大学时的同学，那时的她颇有才气，追她的男生穿成串，排成排，她偏偏挑了个排外成员去恋爱。同学们都劝她，谈情说爱也就罢了，要结婚，得找个他爱你胜过你爱他的，宠爱如同保险，会让生活的底气足些。

桃子的观点却与我们恰恰相反，认为恋爱时谁爱的多少无所谓，值得较真儿的是婚姻，嫁个自己深爱的，以后过什么日子都心甘情愿。嫁个自己不够爱的，这么漫长的一生，琐碎的生活，拿什么来维护？

桃子的一番话看似字字珠玑，但理论终要败在现实里。企图用爱来维持婚姻，还不如养条狗看住男人现实些。其实，在这样一个诱惑无处不在的年代，别说爱得死去活来外加一纸证书，再加一百条狗……恐怕也难以保证男人能一生只对一个女人忠贞。

男人的性别决定了他的身体碰到异性时绝对会相吸，不存在排斥的可能。因此，我只能劝桃子说，你老公是个正常男人，你看能过就过，不能过就离，没必要给他“净身”，这会没皇上了，让他侍候谁去啊！再说，现在是法制社会，犯不着把自己以后的美好岁月也搭进去，他犯了错是该受到惩罚，最重要的要同时为自己考虑。

桃子哭着说，那你说我该怎么办？离婚太便宜他了，当初房子啥的都是我的，离了还得给他一半，即使让他净身出户，他也没啥损失。

想想桃子说的也是实情，怪只怪她生不逢时，现在流行的“裸婚”、婚前签订“出轨者净身出户＋赔偿”的协议诸如此类的潮流婚姻她都没赶上。其实潮流也就是与时俱进，男人嚣张一尺，女人精明一丈。前者伤心不伤财，后者还能赚点银子。说白了，确实俗不可耐，但没啥不能没钱啊。

如果无论如何都挡不住男人出轨的话，不如从一开始就做最坏的打算，不管爱与不爱，结婚时，要先兵后礼，最好签订一份“出轨者净身出户＋赔偿”的协议，谁出轨，谁就要受到精神和经济上的两重惩罚。

要记住，“有钱能使鬼推磨”，这话一点不假。若是爱的人，让我们在精神上受了委屈，钱还可以让我们的生活在物质上不受委屈。

再高明的手段也斗不过人性

当婚姻破了个洞，不能把由此带来的痛苦无限放大，一味悲伤，而是要学会选择站在洞下的阳光里，直面一切。

六六在微博上公开叫板小三的新闻一出，倒是解放了因夹在两个男人的骂战中说了句实话就被攻击得体无完肤的舒淇，大家的目光呼啦一下子全转到六六这边来了。六六此举，惊掉一地眼珠子，引发以吨计的口水战。有说她明智的，懂得先下手为强；也有说她傻的，绿帽子戴就戴了，还弄得天下皆知；更有甚者说她想借此炒作即将开播的新剧。

我倒觉得她这是无奈，老公有小三，且小三威胁到她这里了，就如同内衣裤上破了个洞，她说出来，肯定也难堪，等同昭告天下她穿了有破洞的内衣裤，但她自己说总比别人说要有尊严得多。坦白从宽嘛，至少主场作战，心理上正室的优越感还是要多一些的："他爱我多过爱你。"

其实，男人决定留在谁身边，并非就是爱她就多过另外一个人，只能说，他离不开这个女人，原因很多，长期的生活习惯、依赖、孩子、金钱、社会地位等，都不排除，唯一可以排除的不是爱情，不是以多少为计量单位的爱。

身为著名编剧且是婚恋编剧的六六，深知这些道理，为何还要唱这一出正室斗小三的戏给大家娱乐呢，除了无奈之外，想必还有不甘和不愿，她不甘把自己辛苦打拼并且稳坐经年的江山拱手送给情敌，不想输得一败涂地，不愿放弃23年来点点滴滴的付出。最重要的是，她深知人性，尤其是男人，每个男人一生中永远不会只对一个女人忠贞。

年轻貌美的女人对男人来说，如同新款上市的服装对女人的诱惑，尽管你的衣服已经很得体、很漂亮，在有能力支付的情况下，仍然会对新衣服心动，忍不住想据为己有。

有网友看到网上爆出的六六老公的照片，给六六支招，这样的男人本来就配不上六六，还去找小三，干脆扔掉算了。以六六的地位和名气，

想找啥样的找不着，潜几个想演她戏的男明星也不在话下。

和老公离婚，六六在 2008 年曾做过此事，据说也是因为老公有外遇才离婚的，可是没过多久便迅速复婚，原因不言而明，既然男人人性如此，再换个未必比原装的合适，毕竟他们是青梅竹马一路走来，老马识途，比新换的适用得多，最重要的，他是儿子偶得的亲爹。

江山易改，本性难易，当老公的出轨事件再次发生，被逼无奈时，她只有把内先安好，然后再夫妻联手攘外，把第三者赶跑。内部的问题，她目前选择了原谅，离过一次婚的经验告诉她，只能选择原谅：年纪越大越能接受人性的不完美，并称自己也有很多缺点，如果不是“偶得爹”的包容和支持，她也走不到今天。

虽然六六说，生命是用来体验的，不能留白，可是联想到前不久她还在微博上秀温馨、秀恩爱，我不免想到，这小三也不是今天才蹦出来的，这温馨和恩爱背后到底藏了多少心酸？只能说，当居住的房子漏个大洞时，不能因为这一个洞就扔了房子，而人性之洞也无从弥补。这时，她没有把这个洞带给她的痛苦无限放大，一味悲伤，而是选择站在洞下的阳光里，直面一切。

男人的非常态需求到底有多深

在男人有外遇时，最多忍忍，留守观察；如果实在不行，就三十六计走为上策，优雅地转身。

“老虎”伍兹的再一次爆发性的性丑闻，终结了他与艾琳黑白配的童话婚姻，他们终究不是奥利奥。明星搞绯闻、包二奶、离婚都不算稀奇事，可“老虎”一撞树，掉下红杏无数，他居然有十几个情人，还参与性交群，且情人大多又老又丑，这真是让人匪夷所思。

“老虎”被曝光的十多个情人，有鸡尾酒女郎，有《花花公子》的模特，甚至有三级艳星，没有一个能登大雅之堂的，尽管找情人不是找老婆、找工作无所谓，但总得找个漂亮可人的尤物吧，其中有 4 个竟是超过 40 岁的半老徐娘，他刚 30 出头啊，年轻的情人又都没他老婆艾琳漂亮，不得不承认，他的审美异于常人。

可恶的是，“老虎”被爆“性瘾”时，借着“性瘾”是一种疾病，球队仅让他闭门反省五个月，艾琳也原谅了他。可是，甭管啥瘾，这瘾从何而来，总是贪恋、迷恋，然后形成惯性以致病态的。

从某种程度上说，伍兹的“性瘾”是他老婆的宽容给惯出来的毛病。以致他后来的变本加厉、疯狂成性成了船到桥头的事。如果初犯时，他老婆便截住源头，实在截不住，可以选择自己离开，不管他成不成瘾，至少自己不会因为同样的伤，再痛一次。

算一下，“老虎”和艾琳从2004年结婚，如今育有两个孩子。这几年，艾琳都在辛苦地替他生儿育女，他却在外面乱搞，从爆出的这些情人与他交往的时间来看，他哪一天干净过啊？

在满足非常态的需求后，他付出的代价也相当沉重，他的形象陷入空前危机，代言业务几乎尽失，加上离婚赔偿，至少让他损失了 4.8 亿美元，折合成人民币约 30 亿元，“别谈感情，很伤钱”用在他身上最恰当不过。赔了夫人又折钱，是他当下最真实的写照。

无独有偶，为外遇付出沉重代价的还有包三奶的寇世勋，青梅竹马的妻子抵不过健美小姐的身躯，一妻一妾仍挡不住吃嫩草的野心。有一妻一妾本已不被世俗所容忍。幸运的是，他的两个老婆在台湾和平共处，他却不知收敛，又跑到大陆来包三奶。

只要种下祸因，恶果降临是迟早的事，种得越多，摔得越重。从上述的两个男人来看，女人的宽容和原谅并不能阻止他们继续外遇的行为，反而会助长其态势。

更让人觉得可怕的是，除去寇世勋，“老虎”只是另一个代表……男人这种近乎变态的需求和疯狂的外遇行为，不禁让我们反思：男人的非常态需求究竟有多深？女人的非常态迎合到底有多少无奈？

但甭管有多少无奈，如果不想让自己受到伤害，在男人有外遇时，最多忍忍，留守观察；如果实在不行，就三十六计走为上策，优雅地转身。华丽地离开吧！别指望男人会浪子回头、悬崖勒马，那是治标不治本的止痛针。性别决定男人很难会对一个女人永远忠贞，至少得让你的男人在属于你的这段婚姻里，对你一个人忠贞，这是最起码的尊重，接下来才是爱和对你暖身贴心的好。

只是场艳遇而已

维持婚姻的可以是任何东西，却很难会是爱情。

前不久，某卫视播出的一段苦恋故事感动了很多人。究其原因，是两个人之间的差距大，一个是聋哑小伙F，另一个是留洋的大美女X。看似两个世界的人却走到了一起，其实，这不叫恋爱，叫艳遇。

洪晃曾对艳遇做过如下解释：艳遇要有神奇感，要有点不顾一切、天旋地转、世界颠倒的感觉。比如电影《泰坦尼克号》里面，一个坐头等舱的千金一瞬间爱上了一个坐末等舱的民工，这才叫艳遇。而头等舱碰到头等舱，这只能叫“机会”。

由此可见，F和X只能是艳遇，是X一时冲动的荷尔蒙成全了F的艳遇。艳遇还有另一个特点，就是很难有结果。

说实话，在电视上看到漂亮的X时，觉得F挺能耐的，竟然找着这么一个漂亮的留洋妞，并打动了她的芳心。

可当我听说，F本来有个相恋6年的女友，她也是聋哑人，因为相同的不幸，他们更加惺惺相惜，感情非常好，已谈婚论嫁时，我对F的佩服顿时变成了不耻，什么玩意儿，已早有女友，且相恋多年，碰到个漂亮的留洋妞，就移情别恋了！

这样的男人，X，你要来干啥？他可以放弃相伴6年的女友，有朝一日就有可能抛弃你，况且他们活在同一个世界里，而你们不是。他们曾经看似无坚不摧的爱情，尚且在你们的跨洋恋面前不堪一击。你们是两个世界里的人，又是差异巨大的网恋，又能经得起多少考验呢？

那只是一场艳遇而已，各种乐事，爱过，乐过，哭过，然后各走各的路。这才是完美的艳遇。若把艳遇搬进生活，就成了衣服上的饭粘子，咋看咋别扭。不仅看着别扭，事实上，也都拗着呢。首先X的父母不能接受聋哑的F，这很正常，人家如花似玉并留洋的女儿，想找个啥样的找不着啊！

F的父母对此也不抱希望，他们知道高攀不起。有自知之明才叫大智慧，那唐朝的郭子仪弄个公主回来，还得小心地伺候着，稍有不慎，媳妇一回娘家告御状，那可不得了。还不如找个平常人家的女儿，人到晚年，就图个岁月静好的天伦之乐。

不被双方父母祝福的婚姻，很难会是好的婚姻，不被大家看好的恋情，同样也不会是好恋情。X的爱来势汹汹，爱王子不爱银子，F也勇气可嘉，抛弃相恋了6年的女友，当然想抱得美人归。

可人生如戏，没有人知道下一分钟将会上演什么，我们所能做的就是珍惜眼前人。F，真诚地想告诉你一句，爱情不需要门当户对，因为那只是一时的荷尔蒙冲动作祟，人不会总是冲动的，一直冲动，心脏也受不了。终究要归于平静，静下心后你就会发现，你们真的不合适，爱情不需要门当户对，婚姻绝对需要。马伊俐曾说过，维持婚姻的可以是任何东西，但不会是爱情。

恋爱人人都可能会有，艳遇却未必。权当那只是一场艳遇，不是也很好吗?

你为什么不放手?

甭管婚姻对于女人多么重要，那个男人让你有多放不下，也要给自己一条生路。

前不久，女友的老公出了车祸，撞死了一个人，虽然他是正常行驶，责任不在他，但毕竟出了人命，在案件没结之前，他被拘留了起来。送他进去时，朋友一脸的泪，泣不成声。我们都安慰她，不要紧，责任不在她老公，最多赔偿当事人家属。

她说，要是她老公进去了，不管多长时间，她都会等他出来，万一被判死刑，她也不活了。依我对她的了解，她说得出就做得到。大难临头她没单飞，还为老公撑起一片天，请了一个月的假，动用一切关系，不惜倾家荡产，甚至卖了房子，欠下了几十万元的债。

她老公出来时，她对他说，没事，只要人在，一切都会好的，他把她拥在怀里，抱得紧紧的。

当时，在场的朋友还打趣，对她老公说，这么好的女人，甭说这辈子要好好爱她，下辈子都得对她好，否则天理不容。他拼命地点头，是的，一定一定。

生活往往比影视剧更残忍。不料，第二天，朋友就哭着打电话约我们出去，当时，习惯性地以为她老公不会这么倒霉，又出车祸了？不然，啥事能让她哭成这样。

对于女人来说，比老公出车祸更坏的事是老公有外遇。朋友说，她在为他新买的手机上，发现了他与别的女人的暧昧短信，那些肉麻的话他都不曾对她说过。

我们一听，气坏了，这什么人啊，还是男人不，当时就想打电话找人先揍他一顿，以平心中愤怒。可她竟拦着我们，说他发了毒誓，跟那女人只是聊聊，只是手贱，还要以剁手来求她原谅。她问我们，能原谅吗？

我们听后彻底无语，她能问出这话，说明她已经原谅他了。这事，必须得当事人想通才行，别人说啥都没用，于是，我们散了！

没几天，旧戏重演，她哭着叙述的时候，我们只扔出两字：离婚。闭着眼摸一个，也不会是这般背着一身债且狼心狗肺的两脚动物。她却在老公下跪后，又一次原谅了他，并坚信他老公的话：人逢背运，内心不爽，仅仅是找人聊天释放一下心理压力，并没做对不起她的事。

事实上，另外一个女友的老公和她老公单位有业务往来，实在看不过眼，才倒出实情：她老公一直有情人，还不止一个。

我们真替她感到不值，结婚五年了，她老公基本没往家里拿过钱，她理解他应酬多，毕竟还年轻，得培养人脉，自己却省吃俭用，把她的工资补贴给他和他的家人。

我们都弄不明白，这样的婚姻还有什么值得她留恋的？！她不想离婚，朋友们都抱着侥幸的心理，希望她老公早晚有一天能浪子回头，懂得她的好，并珍惜她。可我知道，这可能性比中500万大奖的概率还小。

有一位远亲，年近40岁，结婚15年。刚结婚两三年时，老公就开始出轨，这十多年来从未间断，外遇无数。她一次次的宽容和原谅，却被当成默认他外遇的通行证。她整天活在生不如死的地狱里，夜不能寐，精神恍惚，以致身体频出状况，每天吃的药比饭还多，待在医院的时间比待在家里的多。她说，自己可能时日不多了，一辈子活得如此痛苦，她不甘心，但是如果就这样离了，她更不甘心。

我在想，甭管婚姻对于女人多么重要，那个男人让你多么放不下，如果他变了质，吃一次拉肚子，而长期食用的话，致不致命真是很难说，还是趁早放手扔了吧！没有甘心不甘心，且不谈生活幸不幸福，只要能健康地活着就好，这很重要。

没有命中注定的不幸

若爱，请深爱，专一地爱；若不爱，请放手，彻底地放手。

她遇上他时，他正读研一，她是那所院校附近的医院的护士。他刚被初恋抛进痛苦的深渊里，因喝了太多酒而酒精中毒，是她用药水驱走他体内的毒，并用一颗温柔的心和滚热的身体暖热了他。

他家境不好，书读到这个份上，再也张不开口向年迈的父母要钱，靠做兼职勉强地维持生活，她便把所有的收入用在她和他的小家里。他们像夫妻一样，上班，买菜，做饭，偶尔也去逛逛街，她舍不得把钱花在自己身上，只给他买东西。她为他倾其所有，把一个女人能给他的都给了他，对他百依百顺。他心安理得地接受，不说爱，亦不说不爱。

在他读研的第三年，去外地实习回家的路上，偶遇初恋女友，初恋女友称和他分过手就后悔了，碍于他有女友，才一直没去打扰他的生活。瞬间，他干枯的心被她的话浇得春暖花开。

于是，他决定和初恋重修旧好，不顾一切地跟她去了她所在的城市。两个人死后重生一样疯狂地玩了几天，走时，他对初恋说，自己要回去交代一下，回来便娶她。

他认为，和他在一起生活的她一直很听话，这次也会不例外，交代了就完事。几年的倾情付出，当然不是他一句“对不起”就结束的。她不甘心，又哭又闹，方法用尽了，他还是奔着初恋而去。

他和初恋瞒着双方的父母领了结婚证。而她一次次地打电话向他哭诉，向她所知道的他的每一个亲朋好友哭诉，说这几年，她养了个白眼狼。他对她亦是有愧的，所以，她每次向他提出要求，他都有求必应，不管陪聊，还是见面，想着时间会慢慢治好她。但她把他对自己的不忍当成了余爱，认为他既然会离开她和初恋在一起，总有一天，也会离开初恋回到自己的身边。

她的纠缠，让初恋忍无可忍，提出要离婚，他好话说尽总算平息风波，如此反复。她是他们婚姻中的慢性病，时不时地发作。初恋无法忍受，再一次提出离婚时，却发现自己怀孕了。离婚的事也就不了了之。本以为，有了爱情的结晶，一切便会尘埃落定，对于她的纠缠，他会有的放矢，懂得拒绝。

不料，在得知初恋怀有身孕时，一向柔顺的她竟然跑到他家里，对初恋大打出手。可想而知，初恋流了产，把她告上了法庭。

结果，她被判了刑，他失了婚，初恋伤了身。三个人的世界里，没有一个是赢家。素黑说：没有命中注定的不幸，只有死不放手的执著。

若爱，请深爱，专一地爱；若不爱，请放手，彻底地放手。

梦里的他，醒来不要去找

在错误的时间，不管遇到谁，再浓烈的爱都不过是毒酒一杯。

自从过了30岁，她便开始怀旧起来，经常频繁地梦到校园里的人和事，尤其是那个阳光帅气的男孩，梦里的他眉目清晰，对她深情地笑，从背后轻轻地拥着她，醒来，想到这一幕，她还脸红心跳。

他是她的高中同学，亦是她年少时暗恋的人。她是一个丑小鸭，而他是每一个女生眼中的白马王子。深深的自卑让她从未敢正视过他的目光。

以致后来毕了业，大家考入不同的学校，她只能假装无意地从同学们的口中打探着他的消息：他考上了军校，然后读完研又读博。

她大学毕业后，靠着写得一手好文章进入一家媒体上班。然后，在别人的介绍下，嫁给和她一样普通的男人。

现实的生活，岁月静好，他仍是她心底最美的梦，也成了她日有所思、夜有所梦的主角，再怎么想念，她从未去寻找过他的联系方式，她不漂亮，却很清高，怕他不记得她是谁。

前两天，她突然梦到他出了事，一条腿没了，只能在拐杖的帮助下，一瘸一瘸地向她走来，一脸痛苦地向她喊“救命”。

醒来后，心有一下没一下地疼着，她生怕他出了什么事。早上刚上班她便拨通了一个同学的电话，以采访为幌子找到了他的联系方式。盯着11位数字，她把手机握出了汗也没敢拨通，只是发了个短信，自报家门，问他过得好吗。

短信很快回了过来，说他很好，记得她是班上的才女，又听说她在媒体上班，为她高兴。原来，他记得她，亦同样在打探着她的消息。难道他也是喜欢她的？

她的心瞬间如膨胀的花蕾，呼啦啦一下子全开出了幸福的花朵儿。

此后的几天，他们一直热烈地用短信聊天，把彼此都拉回了当年青葱般的校园岁月。她甚至后悔，以前为何不联系他，没准已成眷属，生活多美好！

在一个午后，她等的公交迟迟不来，把玩手机时，她突然就翻到他的号码，想也没想就拨了过去，她太想念他了，很想听听他的声音。

她的呼吸随着嘟嘟嘟的电话声起伏不定而变得急促起来，直等到一个好听的女声说“你拨打的电话无人接听”时，她才放松下来。继而，她想，他在午睡，抑或是在忙？等看到应该会回个电话。

到了单位，她把手机从包里掏出来，连上 WC 都带着，生怕错过他的电话，可直到晚上 12 点，仍没有电话回过来。她不死心地发了个短信，亦没回。

第二天，她不甘心地又发了条短信，仍没有回。很明显，他不想理她了。至于原因，她没深究，也知道了大概：在错误的时间，再浓烈的爱都不过是毒酒一杯。

在梦里曾痴恋的俊美少年，就这样随着她盛满爱恋的短信一去不回，再也没了音讯。她后悔找到他，不找，或许还能有个美好的念想，而现在，只留下余怨未消的隐痛，说不得，哭不得，怒不得，恨不得，亦不再是能入梦的渴望。

小三的美好希望

与其非法竞争，不如合法开拓。

女友遇上了比她年轻漂亮的小三，正在痛苦不已地向我大倒苦水，说她老公被小三迷住了，整天不归家，她还爱她老公，无计可施。说到最后她已泣不成声，并放狠话说，再这样下去，就三个人一起同归于尽。

碰到这样的事，作为任何一个有男伴的非小三类女人，都会感到头疼。头疼之后，大多选择谩骂，拼尽全力对付。想来这小三的确可恶，天下男人这么多，偏要去抢别人的。

但在看过葛大爷和舒美人演的《非诚勿扰》后，突然理解了小三的苦："迷恋又不能在一起厮守，在迷恋中挣扎，每一分钟都撕心裂肺的，每一晚不喝醉都过不下去。"爱，不能相守；恨，不舍离去。若不是在错的时间遇到对的人，谁又愿意去做第三者？可是爱有它自己的路要走，谁都无法替它做主。

由此看来，不只是女友痛苦，小三也痛苦。其实，夹在两个女人中间的男人何尝不痛苦，说是左右逢源，对于稍有良知的男人来说是两边受罪，倍受良心谴责。

怎样才能拯救在痛苦中煎熬的他们仨？聪明的冯导给了我们一个圆满的答案。让小三找到属于自己的真爱，大家各走各的路，各享各的幸福。这样不是很好吗？与其非法竞争，不如合法开拓。

女友的小三，大概也意识到了这一点。经人介绍后，认识了一个男孩，就那样骑着别人的驴，找着自己的马，不温不火地拖着。

这事不知道怎么给女友知道了，千辛万苦地找到了那个小三男友的号码。她问我，该以什么身份向那男孩揭穿小三的事，好让这可恨的小三不得善果。

之前，我肯定会怂恿女友这样做，让可恶的小三得到报应，简直大快人心。可是，现在我的想法完全改变了，关于爱的事，唯有爱能拯救爱。

我说，千万别，你这样会把她的男人吓跑，让她再继续缠着你的男人吗？

女友说，当然不是这个意思。我说，那就去看看《非诚勿扰》吧！它会让我们明白，对于小三，不是责骂、PK、驱除……而是给她们一个温暖的未来，让她们拥有属于自己的真爱。

当非小三的女人明白了这一点，希望小三们更加清楚地认识到：已婚的男人，如同口袋里装着借来的钱，千辛万苦地护着，迟早要还给人家，还要加上利息若干，比如青春、时间，甚至错失真爱的机会。再说，一个苹果即使再大再好，也是别人啃剩下的，剩下这点还要与别人轮着吃，能有什么味道。不如把借人家的趁早还了，专心致志地找一个独属自己的，到时你爱怎么吃就怎么吃，随你的便，既美味又卫生。

第四者，不过是换方不换药的小把戏

女人真正需要的，不是一顶看似美丽风情却毫无用处的高帽子，而是要低到脚上的贴心行动。

都说恋爱中的女人贪心，恨不得情郎时时刻刻分分秒秒陪伴在侧候命，心甘情愿地为她效劳。女人有这样的想法，不过是贪爱，贪图一个男人情有独钟的宠爱。而男人则不同，一旦贪心，会想能多爱一个女人或多一个女人爱他。

可生不逢时，不是帝王可以三宫六院七十二妃，不是那个平民百姓有钱也能娶三妻四妾的朝代。背着老婆找小三，既有风险且有损名誉，怎么办呢？只能换着法儿，给内心膨胀的情欲戴上一顶又一顶小花帽。诸如，美其名曰为红颜知己、蓝颜知己、亚情人等听上去很美很动听的称呼。有了这些美丽的花帽遮掩，情欲水到渠成得以释放。

这不，刚打开微博，就看到布织手绘的花帽又有了升级版——第四者，摇身一变成了时下流行的碎花雪纺，隔着轻纱看你，你就是那雾中的玫瑰，欲说还休，美成那样，你不戴倒成了罪过。

来看看这顶轻纱花帽有多美吧！所谓的第四者，就是知识、兴趣、观念相近，相互吸引、相互欣赏的男女，以相互之间的情感为前提，以不影响双方工作、家庭为基础，以相知、相惜、精神享受为主，以吃饭、喝茶、旅游为辅，偶尔也有顺其自然的肌肤之亲，不同于谋求取代的第三者，故称第四者。其层次高于红颜知己、蓝颜知己。

简单点说，他们就是平时像朋友那样相处，有事吃吃饭，没事上上床，不谈爱，不纠缠，不搞破坏，各取所需，和平相处。

我猜想，这绘制两全其美宏伟蓝图的肯定是男人，既不影响家庭和名誉，又有一个冠冕堂皇的理由与老婆之外的女人有肌肤之亲，真是一举多得。因为，女人向往的爱情，从来都是落地生根，有归宿地活在婚姻里。

这等美事做梦想想还差不多，偏有人信以为真，想拿来试用。一个一直相处甚好的已婚男性朋友，几次三番地向我暗示，我们可以有进一步发展。在一次讨论爱情观时，我委婉地表达了我的观点，我需要的男女之情必须盛在婚姻里，在不多不少的两个人之间，坚决不做小三。

他很识趣，没再纠缠，直至他看到“第四者”，试探性地问我，这种关系是不是很美妙？我答，美则美矣，妙字本身就是女与少的组合，少了女人的配合，便不美了。

他又接着问，你会配合吗？当然不！我恨恨地想，什么玩意儿，说白了，第四者与小三小四何异？虽然称呼不同，但是实质内容一样，如同一味药材，换个药名写在药方上，功效还不是一样的：陪聊陪吃陪玩陪睡，且不能谋求取代。男人尽情地白玩，还不需要善后，把女人当什么了？！

这样看来，还不如小三呢，小三奔着银子奔着爱，还有个奔头，男人还得劳神伤财地哄着宠着。这第四者说不好听的，就是个免费陪玩，男人玩过了，还把责任推得一干二净，最后给提升到又一个高度，比蓝颜知己、红颜知己层次还高。

女人真正需要的，不是一顶看似美丽风情却毫无用处的高帽子，而是要低到脚上的贴心行动。最动听的情话，都不如付诸行动的妥帖暖心。这行动还包括，在你确定爱她的时候，向她示爱前，还自己一个自由之身。有资格说爱，才会有爱可说，否则，一切不过是掩人耳目的骗人小把戏。

别人的大腿再粗，也是别人的

爱你的人不会舍得把你当小三，如若把你当小三，没别的意思，就是玩你！

一个读者发来邮件说，到每年的节假日，她们美容会馆都分有销售业务，只不过专职促销人员数额大些，普通职员就意思一下，略分一点任务，毕竟人多力量大。

前不久，她所在的美容会馆举行了职员走上街头、免费给大家讲授美容产品知识的义务促销活动，原价产品一折销售，绝对亏本，只为宣传。两个人一组，她和某女分到一组去商场门口促销。

刚到商场，她便马不停蹄地寻找进出商场的适龄女青年，宣传美容理念，传授化妆技巧。此时只见某女一派轻松地打电话，发嗲说，有销售任务，太阳好大，把脸都晒花了等。

她辛辛苦苦转了几圈，才销售出一两份产品，问某女战绩如何，某女扬着手里的一叠老人头，冲着她说，不好意思，产品全部搞定，钱还给得特别多。后来才知道，是她的那个婚外的他——有点钱的款爷给帮着解决的。

多好的促销宣传活动，被某女糟蹋得意义全无。她愤愤地和我说，有什么了不起，别人的大腿再粗，也是别人的，抱得再紧，也有抽走的一天，不如趁美好的春春年华为自己充电，唯有把自己的大腿养粗了，才能站得稳。

很多女人都不明白这个理。我们小区对面的大学门外，每天都停满了各种各样的轿车，从奇瑞 QQ、奔驰到奥迪 A6 多不胜数，等待那些放学的，抑或是翘课睡醒了正在打扮的青春靓丽的女大学生。

据说，这些贪图享乐的爷们儿，很喜欢找女大学生，她们清纯、漂亮，等她们一毕业，东飞西散的，正好玩腻了换人，多好的事。学校本是一方净土，校园生活是我们生命中最美好的时光，却都被这些四轮豪

华不豪华的车上载着的或款或权的爷，给糟蹋了。

我不知道像读者单位的某女和这些女大学生们，是怎么想的。做小三就这么好？值得如此炫耀，赔上大把的美好年华？

小三得到的仅是一时的欢娱，一不上心爱上了对方，还得承受想爱而得不到的痛苦。真正爱你的人不会舍得把你当小三，如若把你当小三，没别的意思，就是玩你，千万别想多了！若想试下他是否真爱你，这很容易，只需说一句："若爱我，就离了婚再来找我；不爱，就此别过。"

男人在婚外，就是想找乐。女人当小三，甭管已婚还是未婚，若不是奔着银子去的，就是奔着爱情去的。从开始彼此就不是奔着一条道走的。因此，两个人永远也不会走到一起去。男人玩过乐过就忘了，女人呢，只会落得身败名裂，伤心流泪还得往肚里吞。

想当小三的，请就此打住。上了小三道的，回头归岸吧！

女人要活成一棵树

幸福从来都不是男人能一手包办的事，需要自己给。

某天，看一档卫视的相亲节目，很多女嘉宾在表达自己的经济观上说，不介意AA制，还可以在物质上帮助男方。一个女嘉宾甚至说，我觉得用自己挣的钱买的衣服，穿上才有尊严。这充分证明，在女性也能顶半壁江山的今天，经济早已不是束缚女性的藤条。

这不能说女性就完全和男人一样，是一棵顶天立地的树，风吹雨打都不怕。我有一个女读者，家世好，学识好，自己开了家文化传播公司，也算事业有成，还嫁了个门当户对的老公，也挺疼她的，照理说，她应该知足。

某天深夜，她却突然在网上说，她老公现在还没回来，自己一个人在家害怕。我听后不可置否，最近全国大范围都在降大暴雨，在夏季，雷雨交加是常事，已经是快三十的人了，有啥好怕的。我让她蒙上被子睡觉，睡着后就啥也不怕了。她沉默了好一会才说，其实，她是怕她老公彻夜不归，怕他在外面乱来，或者是出了事。由于电话打不通，她很着急。

自然界的雷电并不可怕，心中的怕才可怕。老公深夜不归，她的怕，不管是人身安全还是婚姻安全，于平常女人都情有可原。但这种怕发生在她这个铁骨铮铮的女强人身上，让我觉得有点不可思议。

女人再坚强，到底还是女人，在心理上终究是依赖男人的。有依赖，才会怕。她怕老公乱来或出事，其实和依赖男人吃饭穿衣没啥区别。只不过说出来层次高些，一个是精神支柱，另一个是饭碗。

内心的强大，首先，经济是赖以生存的基础，其次才是精神上的自给自足。经济和精神都独立的女性，才是真正独立的女性，就拿我这个女读者来说，自己内心独立了，还怕啥呢，老公若真的乱来，爱要不要，想休就休，转身走掉，自己有才有貌又有钱，还怕找不着相依相伴的男人？退一万步来说，就算找不着，也可以抱紧自己取暖，犯不着为了这点小事赔上睡眠，还心里不安。

若是担心老公的安全，也没啥必要的，大家都是成年人，他不回来，连个招呼都没有，还犯得着为他提心吊胆的？就算真的出了意外，那是他咎由自取，正常情况下按规则通行，咋会有事？就算有意外，兵来将挡，水来土掩，何必为没发生的事瞎担心。

抛去她的藤心理，这些看似势关家庭幸福、人命关天的大事，其实一个普通男人深夜不归是平常事，是她内心太脆弱，想多了。一个内心够强大、够独立的女人，对于任何事都不会往坏处想，因为，再坏的结果她都能坦然接受，何怕之有，想来做甚呢？

女人要想真正独立，不只是在经济上，最重要的是在心理上，把自己活成一棵树，只要有阳光、雨露，就能健康向上地活着。有一个强大的内心，才能无所畏惧，才能真正幸福。

幸福从来都不是男人能一手包办的事，需要自己给。

女人的幸福感，包括女强人，大多来自于男人和家庭。越是如此，女人越需要独立，因为女性在干好工作的同时，也要照顾家庭，见缝插针换来的经济独立，倘若再因为心理上的依赖，而与幸福失之交臂，岂不是前功尽弃，功亏一篑？

Part 4

冬之缤纷火锅
——不吼不痛快

看到，想到，说出来，再记下来，这是对生活最热情的回应。很多事，都是仁者见仁，智能见智，路见不平时，就很八卦地吼一嗓子。

欢爱过后，还有担当

自己做过的事，不管结果好坏，都不要有怨言。因为，这是你自己愿意的。

单身多年的一个女读者向我求助，说自己突然怀孕了，不知道该咋办？得知这个消息后，我便想到曾看过的一句话：女王怀孕了，谁干的？据说这是世界上最短最精彩的小说。然而，女读者并非活在小说里，有没有答案都无碍于生活。我只能悄悄地问，谁的？

她底气不足地说，可能是一个刚认识两个月的大男孩，只是他承认了，却拒绝负责，说现在自己还是一个孩子，负不起责任，传统严厉的父母若知道此事后，非打死他不可。之前那个和她关系暧昧的男人则推得干干净净，概不认账。

我一听就火了，吃过一抹嘴就走人，明摆着想要赖，真当天底下有免费的午餐啊。这些男人，敢做又不敢当，真枉称男人。

现在拒不承认，早干啥去了？当初对上眼，情到浓时，为何不及时抽身？不过，让以下半身思考的男人，箭在弦而不发，及时抽身确实有难度，但至少要提前做好预防措施啊。

就算让女人怀孕不是男人的本意，是一次意外。但两个人做的事本应共同承担，不该让女人一个人承担不说，还一推二赖不认账，这于情于理都说不通，等于是开车撞人，撞过一走了之，原本是双方的责任，一方逃逸了，那么责任便全归于逃逸者。

肇事后逃逸，这是多么恶劣的行为。忍不住想狂骂这些不负责的男人，既然不愿意负责，那就别做啊，谁让你干的？制造小孩那么缠绵美好的事，大抵不会有第三人在场，更不会有人拿刀架在脖子上，逼着你非做不可。说到底，还是想白吃不认账。有脸皮厚点的男人可能会说，我就白吃不认账，你能怎么着？

在男未婚、女未嫁、不受法律保护的围城外面，不负责也好，赖皮

也罢，确实没人能制裁你，但你能逃脱良心的制裁吗？如果你再厚点脸皮，说自己没良心，上帝也没招儿。

那个大男孩虽然主动承认孩子是自己的，但却拒绝负责任，找借口说自己也是一个孩子，负不起责。试问制造小孩是孩子能干出来的事吗？

说了一圈，有人会说我对男人有偏见，这事女人也有责任。是的，女人是有责任，但女人一直在承担着责任啊，孩子在女人的肚子里，逃不掉，赖不掉。一旦合作方跑掉或拒绝负责，所有的责任都会自动卸载给女人。女人是打掉牙齿往肚里吞，有苦有痛不能说。

有句话说得好，男人，如果你的手不能为她披上嫁衣，请别去解她的扣子。对于女人，也同样适用，如果不能对孩子负责，就别去做制造小孩的事，不管它再缠绵再美好，你都要拒绝这种诱惑。不拒绝，合作人一旦跑掉，你便要独自承担恶果。任凭你再哭哭啼啼地骂男人无情无意，摆出一副很受伤很无助的样子来，都为时已晚。自己做的事，无论哪种结果，都只能选择去承担，赖也赖不掉。

你可以选择拒绝

你不想做的事，没有谁规定你不可以拒绝。

前几天，身在A城的女友打电话向我哭诉，说她的男友可恶至极，比陈世美还陈世美，两个人在一起这么多年，自己还为他流过几次产，以后有没有做母亲的权利还是未知数，现在，只说一句不爱了，便挥挥手潇洒地走了。

我听后不知该如何安慰哭得伤心欲绝的她，理论上，我是该帮着她斥骂那个不负责的男人无情无义，怎么可以就这样一走了之。可是，我清楚地知道每个人都有追求幸福的权利，既然不爱了，分开便是最好的结局。在爱情的词典里，本来就没有谁对谁错，你付的青春、时间、爱心，在爱着的时候，对方同样也在付出。提及责任，法律上规定的只是在婚姻、爱情里的责任，是在彼此爱着的时候存在，而不爱了，恋情一旦结束，责任也随之结束。至于情义这东西，不是每个人都与生俱来具有的，不能强求，也强求不来。但就算是最好的女友，有些话还是说不得，说了她也未必乐意听。

于是，我只能很无奈地劝她，中国人多，男人当然也多，咱条件又不差，又不是找不着，怕啥，哭啥？擦干眼泪，把眼睛睁大些，找个有情有义肯负责到底的不就行了嘛！

话虽如此，我还是有些担心，女友性格极端，说不定会做出什么傻事来。所以，我便取消了去北京旅游的计划，改去A城陪她。

当我和一个关系很不错的男性朋友说不能去北京和他见面时，他失望地问，为什么啊，去了还能顺便献身给他，他可是暗恋我很久了。我生气地说，别开这种玩笑，我伤不起。

他大笑起来说，我说要你献身，又没说你不可以拒绝啊！

对啊，我怎么没想到。不由得想到女友的问题，也怪不得别人，既然怕受到伤害，早干嘛去了，早拒绝了，也不会有今天的事。

说到这里，可能会有很多女人骂我：恋爱中的人谁又没长前后眼，怎么知道谁有情有义，谁能负责到底，总不能因噎废食吧！

不是让你因噎废食，但是要看自己是什么样的女人，如果你是传统保守、从一而终的女人，接受不了失身后失恋的烂摊子，那就谈点纯情的恋爱，或者婚后再恋爱也行。若是你思想开放，在道德允许的范围内，彼此喜欢，谈谈恋爱，甚至同居，只要你觉得行，没有人会说不行！总之，一句话可以说完："既然伤不起，你可以拒绝啊！"没必要等自己受到伤害后，再哭哭啼啼地骂男人无情无义。晚啦！纯属浪费水资源。

女人们，别动不动就骂男人是负心汉，让你身心都受到伤害。别忘了，你不愿意做的事，没有谁规定你不可以拒绝，不拒绝就等于认同。自己认同后的结果，不管好与坏，自己都应该承担，和别人又有什么关系呢！

女人的贞操，别去山寨

一旦山寨，无疑给自己挂上降价甩卖的标签。虽貌似原装，在男人看来，依然会认定便宜无好货。

这年头，好像什么都有山寨版，若是不山寨，就落伍了。前几天，网络群里的姐妹们竟开始讨论起“山寨贞操”，跃跃欲试者大有人在。物质派的说是人工处女膜，精神至上的则说是对爱存有虔诚的希望。尽管说法不一，归根结底，山寨贞操说白了就是山寨处女膜。

不管是年少无知，还是激情难挨，又或者遭到意外的性侵犯，都会使女孩失去贞操，可偏偏处在很多男人还十分在意女孩“第一次”的年代，怎么办呢？有需求就有供应，人造处女膜便应运而生。失去“第一次”的女孩们便前仆后继、劳力伤财地补回了处女膜。

不管是对爱存有虔诚的希望，抑或是怕失去爱情，除了职业性地投其所好，想从中获利，其余者，看在的爱的分上，也能理解。不过，在理解的同时，也替女人感到可悲，如果处女膜能换来爱情，那这爱情未必太廉价，太虚假，得到了也只能是自欺欺人。

贞操如今竟冠以山寨的名号，让人哭笑不得。既然山寨了，那便可以拥有无限量多、N多个版本的山寨贞操。貌似原版，这样廉价、泛滥的山寨版贞操，他会接受吗？

任何一个头脑正常的男人都很难接受，谁愿意拿真钱买假货啊！如果说能接受，只能是在两种情况下：其一，打个不恰当的比喻：他去商场购物，明知道是山寨版，只是觉得赶流行，买来玩玩，并不做长久打算；其二，误把山寨当原品买回去，但一旦发现真相，后果不言而喻，退货尚在其次，没准还得包赔其损失。

准备山寨贞操的女人们，虽然有这样的原因那样的理由，若上面两种情况都不是你想要的，还是趁早打消这个念头吧！

女人的贞操从严格意义上来说，是用情专一、纯洁善良的高尚品德，

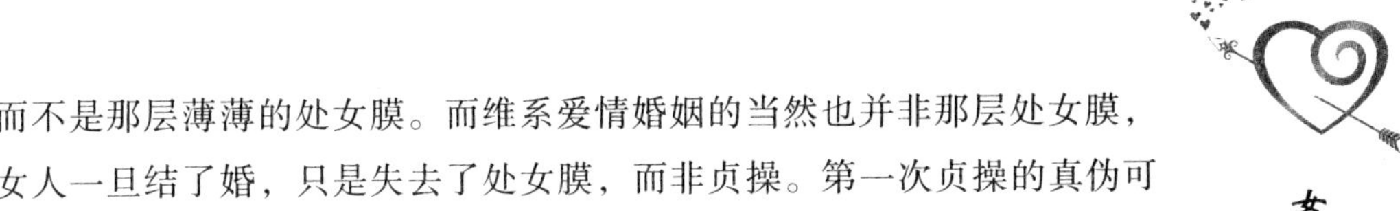

而不是那层薄薄的处女膜。而维系爱情婚姻的当然也并非那层处女膜，女人一旦结了婚，只是失去了处女膜，而非贞操。第一次贞操的真伪可由男人独立鉴定，而女人的第二次、第三次……贞操则由女人自己做主。若你洁身自爱，你一辈子都拥有贞操，既然无所谓失去，有原装的，何必要山寨的呢？

再说，一个男人如果爱你，所有的问题在他眼里都不是问题。若是他在意处女膜（男人在意的是原装，绝非山寨），你为了留住爱情，委曲求全地把原装贞操自降成他要的处女膜，再提心吊胆地过日子，这是何苦呢？

女人们，若是不小心失贞（处女膜），根本无须自卑、懊恼或惶恐，只要洁身自爱，就能拥有第二次贞操，但这次要好好守着。千万别去做山寨贞操，一旦山寨后，无疑给自己挂上了清仓降价甩卖的标签，而在男人看来，会认定便宜无好货。既然是两边不得好的事，还是别做了吧！

看重爱情，也无须排斥物质

有房子不算有家，可是有家没有房子，那还算是家吗？看重爱情，也无须排斥物质。

一天，一个读者说，她和新介绍的男友吹了，问其原因，竟是对方为表其诚意，开口就说，可以用她的名字买房，她一听完，立刻和他拜拜了。

重述此事，女读者依然气愤地说，啥玩意，我要真和他在一起，仿佛就为了他的房子似的，本姑娘要冲着房子去的，早生娃了，哪还轮得到他说三道四。

我一听，这傻妮子，还真把自己当仙女了，不食人间烟火。买房用你的名字，这不挺好的吗？足见人家有诚意，这年头，不见兔子不撒鹰的比比皆是，这种实在真诚的难得啊，只不过是表达方式没对她的胃口。

遂对她说，你没见齐秦和王祖贤，风风雨雨十多年，连婚房都买了，结果婚却没结成，分手后也无所谓对错，七年前联名买的婚房卖出后，俩人都赚得一千多万元人民币。虽然爱情没有了，至少他们还有人民币温暖着自己，总比一无所有的好。

女读者说，这倒是，可不用说得那样直接啊！令人多难堪，把人看得多世俗。况且人家齐秦、王祖贤是明星，我们能比得上吗？

怎么不能比，道理是一样的，连明星这种公众人物都联名买房，不怕被人看俗了，你一个无人知晓的普通女人，还怕被人看俗了？俗有啥不好，人生在世，吃喝拉撒，少一样都活不了，恋爱时可以在花前月下浪漫浪漫，结婚后就得柴米油盐般的实在。男人嘴上抹了蜜，说话好听的，总觉得不放心，而老实巴交的男人说出的话又让人不爱听，真是两难。只能说你愿意选择听好听的，还是愿意找个老实可靠的……

没等我和她举例子，女读者便说，原以为你是做文字工作的，一定很清高，怎么也这么俗，接近一般妇女啦。

不当家，不知柴米油盐贵，我不是接近一般妇女，我本就是一般妇女，知道主妇当家的难，知道过日子需要的是实在。比如你去买东西，口袋没钱，纵然说得天花乱坠，人家也不会给你。

接下来说一个本想说给女读者听的例子，看她没耐心，也就没再说。但还是想说给大家听听，不能任何事都要去吃了亏后才学乖，要学会从别人的经验里吸取教训。

我的一个高中女同学，在刚毕业年华正好时，为了一个才华横溢的男人，不惜放弃上大学的机会，众叛亲离，义无反顾地跟他结了婚。当初的婚房，是男方家里买的，写的是男方父亲的名字。

也有人劝她，要以学业为重，要嫁也要等到毕业后，或者男人能给她最基本的保障，比如一个他们自己的家，若万一哪天男人变了心，也不至于流落街头。当时的她，觉得有了爱，一切物质都不重要。她还说，如果有一天，男人不爱她了，她要没有爱的空房子有何意义呢？

不被祝福的婚姻，鲜少有真正幸福的，因为，你本应该收到的祝福，都是关心你、爱你的亲朋好友，而他们的出发点，都是为了你好。谁料，世事弄人，男人最终变了心，她却一无所有，又无颜面对亲人，至今仍一个人在外流浪着。

吃过一次亏后的她，变得很乖，放言：如果再结婚，一定要找个有房的，房子至少得联名，省得鸡飞蛋打，流离失所。

说到这里，并非我不相信爱情，只是，在条件允许的情况下，我们是否可以左手爱情、右手物质？看重爱情，也无须排斥物质。

“剩女”剩在谁的错

女人漂亮、有工作、有名有利是能力的体现，男人若因此不娶这样的女人为妻，不是女人太优秀，是男人不够大度、缺乏能力的一种体现。

如今不论城市大小，单身女性都日渐增多，说好听点是“单身贵族”，俗一点就叫“剩女”。顾名思义就是到了结婚年龄还没被娶走的女人。一不小心，小雅也踏进浩浩荡荡的剩女行列。我身边不少女人也在围墙边上徘徊游离，不敢破门而入，生怕一失足，成他人妇后，还过得不幸福。不免怀疑，是这个世界的男人们太令人失望，还是女人们太挑剔？

先说说小雅的故事。每个男友和她分手时，不管他有无新欢，都对她说：“你很优秀，只是我们不合适。”说不合适，不如说是心虚，担心自己配不上她。

小雅曾有个男友，他们是大学同学，相恋了四年，感情也算根深蒂固。毕业后第一年，小雅就考上公务员，而他找工作却十分不顺，无奈之下重拾书本，继续考研。难怪有人说，一直上学的人也是最没能力的人，因找不到工作，只能不停地上学。

为照顾无收入的男友，吃喝拉撒的费用几乎小雅一个人全包了。碰到情侣间必送礼物的节日，小雅就象征性地让男友送点物美价廉的礼物给自己，嘴上说就喜欢小礼物，其实是怕他花钱。

刚开始，小雅的体贴和善解人意让男友对她更加疼爱。久而久之，一些熟识的朋友见面时，总会夸小雅的男友有福气，找到小雅这样貌美还倒贴的女友，永远不必担心囊中羞涩。小雅此时总是会及时地解释，男友喜欢让她拿着钱，其实钱都是他的。尽管如此，每次小雅男友的脸上都会露出受伤的神情。

小雅的男友考研失败后，义无反顾地和她分了手，他爱上了一起考研的一个女孩。并说，那个女孩什么都不如小雅，却能使他有优越感，

让他活得像个男人。

分手的那天晚上，小雅发疯似的说：“男人是怎么了，非得要找一个比他差的女友心里才平衡。这种没出息的男人不要也罢。”

可是后来，小雅相继谈了几个男友，分手时理由也如出一辙，说她太独立、太好强、太优秀，让他们天生的保护感、优越感无处发挥。

无独有偶，一个女读者三十多了还没嫁人。她是她所在小城的电视台名主持人，照理说，她的工作、相貌都算上等，想找个人嫁还不是轻而易举的事。不明内因的，都觉得是她太挑剔、眼光高或工作性质决定的。

我和她相交多年，知道她很女人。她大学刚毕业时，就向往有个幸福的小家庭。男友不停地换，但还是没人愿意给她想要的幸福。有过一个男记者爱她爱得痴狂，事业和生活都以她为主，甘愿活在她的光环下。她激动地告诉我，终于要把自己嫁了。

可就在她宣布婚期没几天，男友突然提出解除婚。原以为他能接受爱她就心甘情愿地接受她带给他的压力。可婚期宣布后，市里大小报纸随处可见名主持人下嫁某记者或某记者，癞蛤蟆真的吃到天鹅肉之类的文章，他最终没能逃避世俗，他不要她了。

他宁愿娶个平常女人，过简单而平淡的生活，也不要活在她的光环下，累死累活，没有自我，没有隐私、自由可言。她辗转听到他的话后无奈地说，人长得不美才够好，工作不好才行，如果她长得丑点，不是小有名气的主持人，或许早就嫁出去了。

我听后不禁哑然。难道女人善解人意是错，长得漂亮是错，有份好工作也是错，就连出点小名都要背负一份没人娶的罪吗？其实，归根结底，好女没嫁，都是男人的错。女人漂亮、有工作、有名有利是能力的体现。男人若因此不娶这样的女人为妻，不是女人太优秀，而是男人太自私、没有能力的一种体现，自己没本事，就不想让另一半超越自己，显得自己不堪。一个真正的好男人，应该以有一位既漂亮又有能力的女友为荣，能把这等出色的女人娶回家，多能耐啊。

好男人不是调教出来的

他爱你，自会全心全意地对你好，做一个好男人。他若不爱你，即使你再努力，再精心调教，也无济于事。

这个年代的女人，都过分地自信，总以为男人一旦爱上自己，不为她赴汤蹈火，也会为她改变一切，就算男人不去改变，女人也坚信：好女人是一所好学校，自己就是那个学校里最优秀的老师，理所当然地能把他调教成自己想要的那一种好男人。

你未婚，吊在青春的尾巴上，看到的好男人都是别人的老公，挑挑拣拣总找不到你所认为的好男人，索性随便拉一个自己改造。你已婚，被平淡如水的婚姻消磨得一点激情都没有，看到某某老公如何温柔体贴地对待自己的老婆时，想想自己的木讷老实的男人，总感叹遇人不淑，但木已成舟，唯一的办法就是改变他，把他调教成你理想中的好男人。

我的一个朋友，不仅家世好，还长得漂亮，自视高人一等。在爱情上，却总遇不到让她满意的男人，说成熟的太精明世俗，少了自然的味道，而年少的又有点青涩。后来，她挑东拣西的，眼花心乱，不知听谁说，好女人是一所好学校，调教出来的当然就是“优等生”。于是，她来了兴趣，便开始物色可造之才，最终挑选了一个刚工作一年的阳光男孩林。林长得帅气，性格开朗，但唯独缺少成熟男人应有的魅力。她便决定“自己动手，丰衣足食”。同时，她又怕调教出来的好男人再被别人抢走，索性先结了婚再调教，这样保险。

她和我说这个想法的时候。我说，好男人多的是，你不用费这么大的劲。她便说，好男人是多，可大多是别人的老公，仅有的那三几个，我也懒得去找，我累了，自己调教出来的是专用的，且有成就感。我告诉她，不可能有十全十美的人，你想领略春的柔情，就体会不到夏的火热。她说她就要打造一个标准好男人给我看看。对此，我无话可说。

于是，她和林闪了婚。婚后，开始带着林出入各种宴会，希望他可

以成为八面玲珑、温柔体贴的好男人。当她偶尔来我家看到，我老公忙里忙外做饭，我们躲在一边说悄悄话时，又羡慕不已，回去就逼着现在已成为她老公的林对着菜谱学做菜。学会了做菜，她又看到某某老公给妻子按摩梳发时，回去又让林也照着样子做。只要她觉得女人该享受的好，她都要他学会。索性她以后到任何地方都带着他，对他施以“言传身教”。她要让林集好男人“精华于一身”，那她就是天底下最幸福的女人。

时间久了，照葫芦画瓢调教出来的男人很机械，没了味道。再说，她整天想着调教林，就忘了最初的目的，最后弄得她筋疲力尽，却没得到想要的好男人。同时，林也觉得累，他觉得他不是在恋爱，是在被他所爱的女人培训成十全男佣人。他对她之前存有的一点爱意也消失了，义无反顾地离开了她，说她神经，要离婚。

她一脸挫败地跑来向我诉苦，哽咽着说，她有什么错，不就想要个好男人做丈夫吗？现成的找不到，自己动手培养也不行。我听后笑着对她说，好男人并不是调教出来的，爱情是可遇不可求的，彼此爱上对方，就会为对方着想，自然而然时时处处地对彼此好，你这般折腾那叫爱吗，你们之间有爱吗？

每个男人在爱人的眼里都是好男人。我的前男友是个老实木讷的人，不管怎么教，他依然不懂得怎样讨我欢心，还是没有情调，不懂得浪漫。后来我嫁给现在的老公时，他处处顺着我宠着我，我曾问过他，是不是也这样对他的前女友。他说，正好相反，之前一切都是前女友帮他打理好。爱上我时，便学着她对他的好来对我。我这才知道，原来，一个人对一个人的好是不需要教的，好男人更不是调教出来的。

还在做着能调教出好男人的美梦的女人们，醒醒吧！更不能自以为能调教出好男人，就随意拉一个“可造之才”轻率地进入礼堂。如果他爱你，自会全心全意地对你好，做一个好男人。如果他不爱你，你再努力，再精心调教，也无济于事。所以，好男人是调教不出来的，别说调教不出来，就算能调教出来，那么一个十全十美的好男人，试问你配得上吗？有安全感吗？

当漂亮姑娘遇上智慧郎

与其找个空有徒表的臭皮囊，不如找个多金的智慧郎。

老谋子的新片《山楂树之恋》中的女主角静秋在选角时，颇费了一番周折，绝不亚于皇帝选妃。虽然眼神如山泉水般纯净的静秋找到了，仍惹得老谋子直感叹：90后的女孩“相貌一代不如一代”了，漂亮姑娘都不跟帅哥生孩子了，得找煤老板啊、有钱人啊、老男人啊……孩子越生越难看。

如此语出惊人，确属实际情况，貌似有理，实则不然。漂亮姑娘不跟帅哥生孩子，全找煤老板、有钱人、老男人……一个巴掌拍不响，难道全怪漂亮姑娘拜金，怎么不说帅哥没有搞定漂亮姑娘的能力，有需求才有供应，哪一个煤老板、老男人不是有老有小有妻，却还要逾越道德的底线去老牛吃嫩草，难道这一切都是漂亮姑娘的错？社会出了问题，让漂亮姑娘吃药，能治好吗？傻瓜都不信。

在印象中，影视剧里的金童玉女总是一对，郎才女貌看着才舒心。如今，再按此等条件去寻找另一半，实在是有点此路不通。在物欲横流的社会中，如果只有一条路，才能得到让生活幸福的金钱，那只有勤勤恳恳，努力劳作，没有别的办法。当然也不会有人有别的想法。

如果有两条或两条以上，可以用按部就班努力之外的，诸如用美貌、青春、身体轻而易举地换得，就会有人犹豫，有人徘徊，但最终选出的结果肯定是条条大道有人走，最捷径的那一条道上人最多。不管是美女还是帅哥，有资本不用白不用，因此，有二奶，也有三爷。小三小四横行，这只是浮躁社会中的一部分现象，拜金女是有，并非主流。

不管帅与不帅，女人想托付一生的男人，必须让她感觉到安全，有责任，能给她幸福，如果连这些条件帅哥都做不到，又没有钱？那为啥还要嫁呢？更别提生子了。

其实男人有钱倒真不是坏事，喜欢有钱的，也并非都是拜金女。因为，有钱的不一定不帅，但肯定有智慧，大风吹不来钱，谁的成功都不是偶然的。在这个诱惑无处不在的大环境下，对于女人来说，是相当缺乏安全感的。对于诱惑，没钱和有钱的经不起诱惑的几率是一样的，那与其找个空有徒表的臭皮囊，不如找个多金的智慧郎。当然，这些多金的智慧郎必须是单着的，已婚的，就别打人家主意啦！

那些有关爱情的战事

在好的婚姻中，男人是舵，女人是帆。幸福的婚姻生活偏不偏离轨道，要取决于掌舵的男人，当然女人也要扬好帆。

记得，2010年8月的娱乐版头条，多半被郭德纲弟子打人的新闻霸着。从打人到道歉、解释、回应并反驳，哪个单拎出来都是满满一版。

甭管谁是谁非，在这个法制社会打人就是不对，不仅名誉受损，还要道歉、赔偿，何必当初呢？

说到底是冲动惹的祸。我不由得想起前两天小区下面的一出闹剧，女人骑着电动车正往小区车棚行驶，车座位前面站着一个五六岁的小男孩，后面突然冲上来一个健壮的男人，一手抓起女人的长发，把女人从车上拽了下来，电动车和孩子瞬间倒地，孩子吓得哇哇大哭。

只见男人劈头盖脸地对着女人一顿暴打，不管不顾被电车压身的孩子，等围观的人扶起电动车，把孩子抱起来，这边仍没有歇手的意思。娇小的女人面对比她高出一头的男人，压根没有还手的机会，她不哭不闹，只是尽可能地躲开拳头，避到人后。

显而易见，一场姻缘就此结束。后来虽听说女人做得有点过火：男人在小区门口打麻将，女人到那儿二话不说，把摊子掀了。男人面子上过不去，这才追着女人大打出手的。

不管是名艺人弟子和记者，还是男人与女人。双方有了矛盾，大多都不会只是一方的过错，若谁动了武力，就变成是谁的错。武力解决不了问题，只能恶化，最终斩断两方关系，打尽最后一点情谊。

不管在哪一种情况下，再生气，再愤恨，都不要轻易动粗，冲动的惩罚可不是好玩的！对女人来说，尽量别去挑战男人的底线，一般情况下，遭家暴的女人，在此之前要么是做了过分的事，要么是口出脏话，骂了男人，才会惹来家暴。当然，也不排除有的男人喝了酒回来就打人，碰到动不动、无缘无故就打你一顿的，最好想办法永远逃离他身边——离婚。

写到这里，我脑海中突然闪过一句话：上帝若要你灭亡，必先让你疯狂。无独有偶，某单位女领导，在事业有成、儿子上大学后，偶遇初恋，没耐住波涛汹涌的旧情，与初恋打得火热。居然还把与初恋互发的短信自费出了一本自称世界第一本手机短信体小说，还是初恋写的序，两个人都签了名。这般大张旗鼓的外遇，结果可想而知，两个家庭的破碎，事业的受阻，世俗的不容，他们再也没有爱情、幸福可言。

照常理来说，一般人有外遇后，都遮着掩着生怕被人知道，而这俩人，真是天生一对极品，把外遇看成了一件无比荣耀的事，竟还昭告天下，出了书，疯狂到要好的朋友人手一本。当然，这俩人的下场可想而知，亲人朋友以此为耻，如人人喊打的过街老鼠，终年不肯出门，据说女的为此还患了抑郁症。

天作有雨，人作有祸，这是古语，也是真理。种什么因就会结什么果。好的婚姻，男人是舵，女人是帆。幸福的婚姻生活偏不偏离轨道，要取决于掌舵的男人，当然女人也要扬好帆。由于性别的差异，女人的归属感和幸福感主要来自于家庭，因此，男人在职场打拼，女人要做的就是帮他守好这个家，他前院相安无事，你就不能在后院点火。

若你觉得生活像一潭死水，忍受不了这样无趣的生活，想寻点刺激疯狂一把，那就行动吧！但切记：疯狂的下一步，将是灭亡，你在哪儿疯狂，必在哪儿灭亡，放火的鲜少能逃出火海，若侥幸逃脱，仍然要接受冲动的惩罚，百害而无一利。

生命不息，恋爱不止

青春犹如昙花，在有限盛开的时间内当然要尽情绽放，不白活这一回。

她又恋爱了！屡战屡败，屡败屡战，真服了她！这个高调恋爱的祖师奶奶，不用我说，估计大家早猜到了她是谁。纵观娱乐圈，如脑白金广告般高调恋爱的只有周迅，也只能是周迅，八字不知道能不能撇成，便四海之内皆喜讯了。

说实话，她恋爱，倒不觉得奇怪，是正常女人都需要爱情。只是惊讶于她失恋到再恋的速度，先前的就不说了，从李大齐到小王烁再到后来的新造型师，每段恋情的间隔时间几乎不到半年，如她的名字般，真是“无敌迅”。

生在这个凡事争分夺秒的“迅时代”，在有限的时间内做更多的事当然好，但不应包括恋爱。爱了，分了，总会受伤，心总要有一个修复的过程，就算是铁心也会脱层锈。而于她，似乎一瞬即好，或许她根本就是个空心人。

这个个子小小的空心人，却有着惊人的能量与超然的智慧。恋爱于她，愈挫愈勇之势绝不亚于脱了缰的马，一旦爱，再而强劲，三而凶猛。很多人说她是个没记性的人，爱了这么多次，还这般拼尽全力，不懂得收敛。

如果不是她的本性使然，就是她的聪慧之处。爱了就要说，隐着瞒着，爱的甜蜜与快乐之势必会大打折扣，倘若爱成刘德华的朱丽倩，也图个功成名就，若爱成郑中基的阿 Sa，千辛万苦的爱才面世，刚见到阳光便迅速枯萎了，多亏多屈多冤！

这般高调，是君子坦荡荡，不掖着藏着，爱得轻松，爱得快乐，即便分了，也不会有太多遗憾，伤害或许会少些，这可能也是她能迅速复原的原因之一吧！

好马不吃回头草，她没有去找李大齐，却又找了和李大齐有同样工作的造型师。其心何居，不是春晚的小虎队想找回逝去的青春忆记，而是在多次“着错衫”后，需要一个人接管她的美丽。

女人的安全感，男人给不了，只能是赐予她衣食花销的事业，而她的事业，需要她美丽着，尽可能地美丽动人。而她自己没这个能力，又做不到像赵薇那般浑然天成，不计衣装得分。她只能假手他人，这个人，如果是请来的，不说钱的事，她有的是，只是不能一天24小时寸步不离，不是自己人定不会像自己那般尽心尽力。女明星的造型师，如人见人爱的人民币，谁有都不如自己有。

暖身贴心的男人，她需要；把她装扮得如精灵似仙子的造型师，她更需要。合二为一，何乐而不为？这个造型师，据说也挺大牌，但对她很好，不然也不会一直饿着肚子陪她做整整七小时护理。把这么枯燥的事做得这般暖身贴心，只能是因为爱。

爱得肆无忌惮，爱得高调，爱得迅速，更爱得别具匠心。不因她是伤不了的空心人，只因她知道人活着，尤其是女艺人，青春犹如昙花。在有限盛开的时间内当然要尽情绽放，不白活这一回。

当狼变成羊，只因爱的疯狂

狼爱上羊，往往爱得疯狂，我们权且相信他们是真爱了一场。

在她的新片《熊猫大侠》刚杀青时，她又怀孕了，婚也结过了？！不免让人想着这孕怀得也忒及时了。婚结的是有点早，但现在公布的疗效那是刚刚的。你说不是炒作，狼来多了，羊都不信！

这一次，狼是真的来了。她肚子里的孩子他爹都亲口承认了：她怀孕了，预产期是八个月后。结婚生子这事，相信男人都会愿意自力更生的，他说是他的，就应该不是别人的。所以，这一次，李小姐是真的怀孕了，不对，应该是王夫人。

或许会有人为这位新王夫人抱不平，别的女星不管是身体发福还是衣服发福，被媒体逮到就会大曝“孕味十足”，为何到了她这里，真孕也变成炒作了呢？究其根源，只能怪她的“宣传”手段太单一，还有人们的惯性思维太强悍。

曾几何时，无论是未婚还是已婚，哪怕是离婚，她都是不肯浪费报纸头条的“话题女王”， 除了逮着王老五，抓住钻石男，收到重达三克拉的罕有粉钻是一次性真品，其余的任何一次，从她婚后发福被炒成怀孕，到后来和前夫的分分合合乃至离婚后新闻渐少，不惜以陪酒之名与山西煤老板出双入对……都是她过处而风不止，真亦假来假亦真，她是成功地火了，但大家却被她炒晕了。

这次她真怀孕被质疑成炒作，先不说是不是应该，但这次结婚生子的事是千真万确。我们要相信，狼真的来了。但她已不是从前那个眼中只有钻石，身披炒作外衣的狼了，从她低调结婚，直至怀孕反应强烈住进医院被记者撞到，包括日前首度向媒体回应怀孕事件，该说的他都代她说了。我们也应该相信，结婚孕子后的她从狼变成了羊。

狼怎么会变成羊呢？歌中给了我们明确的答案，只因狼爱上了羊，便伪装成羊，久而久之就真变成了羊。经历过一次婚姻，吃一堑长一智

的她彻底明白：钻石不能恒久长远，婚姻不是酒，要浓烈到从相识至结婚只需 33 天，结果落得损身伤心。婚姻是一杯白开水，需要用火慢烧至翻滚，杀死细菌，喝了才益于身心。

所以，这次她爱得小心翼翼，从 2005 年相识，到次年交往，恋爱三年后才结婚生子。她也开始懂得经营爱情不是靠钻石豪宅，而是一颗真诚付出的心。她是爱他的，把作为一个女人能给他的全都献给了他，为他出钱拍片，不惜冒着身材走样，影响星途的危险怀孕生子。而他亦是爱她的，肯给她一个家一个孩子，勇于承担为人夫为人父的责任，而且幸福地承担。当谈到孩子时，他语调中有种抑制不住的激动和甜蜜。

狼爱上羊，往往爱得疯狂，我们权且相信他们是真爱了一场。因为只有从狼群里左突右冲突围出来的，历经把狼贪图索取的本性千锤百炼修成付出真心的羊，才会更懂得真情的可贵吧。

爱情如衣裳，脱时勿走光

让人醉心的爱情如同美艳炫目的衣服，若穿着不合体，脱下时一定要谨慎，严防走光。没必要为了一件将要舍弃的东西，自毁形象。

周迅得知前男友贾宏声跳楼的消息后，很难过，那段时间出席一切活动都是以一身黑装示人，以悼念他，并表示至于是否会出席贾的丧礼，那要看他家人的安排。

她的表现，有爱，有礼，甚是得体，这般郑重用心，想必是当初恋爱时，也如一起出演的《苏州河》里的马达和牡丹——爱得刻骨铭心，无可替代。

因为爱过，所以仁慈。但生活中，鲜少有如周迅这般聪慧的女人，不由得想到，前不久，我的一个女读者，装修婚房时，不顾男友意见，完全按照自己的想法来。她认为，男友若爱她就得顺着她，以前都唯她是从的啊！男孩觉得，房子是两个人住，这点事都无法与其商量沟通，以后漫长的岁月如何携手共进呢？在新房装修了一半，婚期将近时，他终于受不了一意孤行的她，毅然提出分手。

女读者听男友提出分手，气得如泼妇般张口便骂："房子我千辛万苦地快装好了，你却要分手，你这个混蛋，安的是什么心啊！告诉你，门儿都没有。"

她男友一看这阵势，更加坚定了分手的决心，主动提出要赔偿她的损失，包括她装修婚房的钱和误工费。她怒火冲天，这是用钱能买来的吗？男孩很冷静地说，感情都没了，不要钱就啥都没有。女读者受不了，一巴掌扇了过去，并扬言一定让他没好日子过。从此，一哭二闹三上吊，能用的招都用上了，他也不为所动。于是，她疯一般向她所知道的他所有的亲朋好友、同事、同学，一一打电话，哭诉他怎样绝情，如何没人性。

爱没了，你要做的就是华丽地转身，重新寻找自己的幸福，其他的无疑狗尾续貂，浪费时间，劳心费神，让人生厌。

男孩觉得很庆幸，他们在婚前分了手，而不是结了婚再去离婚。她留给男孩的最后印象是泼妇般俗不可耐。她心中的男孩亦被她逼成了日趋冷漠绝情的负心汉。他们之间，不再有美丽的回忆，日后的生活若被迫有所交集，想必也不会宽容、仁慈。

如果有一方发生不幸，另一方会不会悔不当初：为何当时不对彼此宽容一些呢？能相爱就是缘分，他们没能珍惜，徒留一生的遗憾，可是能怎么办呢？种冬瓜不会长出西瓜来。

再来看，靠着《大明宫词》走红的周迅，因为有了贾宏声的帮忙，她才能出演最容易出彩的少年太平公主一角。走红后，她却爱上了朴树，与贾分手。贾至死都没有说过周迅的一句不是，他这般大度、洒脱，是对爱最好的尊重与诠释。

当爱已成往事，最好选择沉默。说好，只是伪于表面的大度，三岁小孩都会问：那么好，为何要分手呢？说不好，等同否定了自己过去的一切，包括美好岁月里倾心付出的爱。

如同《苏州河》里的经典台词：

如果有一天我走了，你会像马达一样找我吗？

会。

会一直找吗？

会。

会一直找到死吗？

会。

你撒谎！

爱没了，说啥都只会越描越黑，加重怨气，放大不满。不如沉默以待，给彼此一个后路，让爱成为心中最美的回忆，多年后，再拿出来晒晒，或许还能闻到幸福、甜美的味道。

让人醉心的爱情如同美艳炫目的衣服，若穿着不合体，脱下时一定要谨慎，严防走光。我们没必要为了一件将要舍弃的东西，自毁形象，甚至让它成为通往幸福之路的绊脚石。你说呢？

假装不认识曾经伤害你的人

在一个地方摔一跤，是不小心，下次仍不知道要绕道而行，非常人所能理解。

阿娇宣传与陈伟霆大尺度的爱情片《前度》，被问及如何处理与前男友的关系时，她竟表示两人还是朋友，言语中透露出，已走出艳照阴影，不再痛恨陈冠希。

看到这里，只能说她真的太傻太天真，这个男人曾经使她身陷“艳照门”，让她痛不欲生，这也就算了，毕竟也不是谁故意为之。但艳照事发当时，阿娇面对劈头盖脸的脏水和记者句句如刀般的逼问，万般彷徨无助时，多么需要一个肩膀倚靠时，他在哪里？

至今，他也从来没有给过阿娇一句道歉或者安慰。敢做不敢当，大难当头独自逃跑的人，如同一堆狗屎，不幸踩到，沾了一身臭，历经千辛万苦，不知蜕了多少层皮洗净臭味，凤凰涅槃、浴火重生后，何必再往跟前凑，念念不忘呢？

或许阿娇的粉丝会反驳，她也想忘，可记者问了，她不得不答，不答倒显得她小家子气。就算陈冠希是她绕不过的话题，那能否回答：“新生的阿娇从来不认识陈冠希。”

不能相濡以沫，那就相忘于江湖。成不了恋人就当路人，多好！

人生来就有延续种族的天然宿命，好的基因都应该被保留下来。阿娇小姐，我们是否也应该顺应这种生物本能，把生活中让你不快乐的人彻底删掉、清空呢？

阿娇这般宽容善良，大人不计小人过，这当然好，放下恨等同放过自己，可真的放下了吗？对于前男友，真正放下，是永不相问或只字不提，而非还愿意做朋友，朋友有很多种，旧情复燃的可能性也不是没有，而习惯是很强大的东西，很难改变，因此，“艳照门”是否会重演，真的很难说。

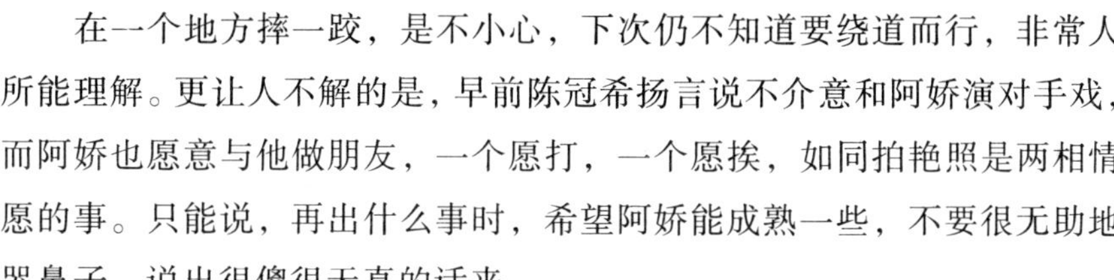

在一个地方摔一跤，是不小心，下次仍不知道要绕道而行，非常人所能理解。更让人不解的是，早前陈冠希扬言说不介意和阿娇演对手戏，而阿娇也愿意与他做朋友，一个愿打，一个愿挨，如同拍艳照是两相情愿的事。只能说，再出什么事时，希望阿娇能成熟一些，不要很无助地哭鼻子，说出很傻很天真的话来。

暂且不说阿娇在答记者问时，能否从容地回答出让人满意的答复。但“反思过去”的答记者问也让人生厌，在此劳烦各位记者大人，既然阿娇重生了一回，也拍了新片，能否别拽着旧事不放。不雅照之后，展现在我们面前重生的阿娇，不再是陈冠希的阿娇。

对一些不堪的过往，最好的尊重是永不相问。记者和看客们做到这一点后，也希望阿娇小姐别傻别天真了，学学性感女神舒美人如何把脱掉的衣服穿回来，用成绩来证明自己是重生后的，而非原地踏步——还是曾经认识陈冠希的那个阿娇！

活得明白的人，婚姻更幸福

活得开放，更易幸福，打开自己，如同打开心窗，让阳光晒进来，阴晦的东西便会被蒸发。

我的电脑页面打开了一组女人香艳性感的挂历，一男同事过来盯了半天，装作漫不经心地问，这谁呀？我说，还能是谁，刘嘉玲。他又接着问，多大了还拍这么大胆风情的挂历。我答：46岁。他说，那还整啥玩意儿，不怕人说老不羞！

她2011写真年历，风格大胆，极为成熟性感，共换了五套造型，尤以她穿黑色紧身胸衣、金发配淡烟熏妆的造型最为抢眼。这样的尤物，男人即使表现得再不屑，仍忍不住要多看两眼，她怕啥，要的就是粘住大家的目光，男人的目光，当然也包括她的老公梁朝伟的目光。

她要害怕，就不是刘嘉玲，她的事，向来是不惊人不罢休。先不说她和梁近二十年的恋爱，在修得正果后一直求子无果的情况下，出双入对，恩爱如初。在诱惑有缝插针、无缝也要找缝插的演艺圈，能让事业随着年龄日益飙升的女星不多，能守住婚姻，更能留住老公心的人，过得洒脱自在的更是罕见。

享福之人必有其难能可贵，她的可贵就在活得明白，够大胆开放，敢说敢做。

她为了宣传电影《让子弹飞》而接受昔日姐妹兼情敌曾华倩的采访时，谈及两个人都深爱的男人梁朝伟时，她反客为主地质问对方有没有自我检讨。当被问及她是否愿意与另一旧情敌张曼玉合作时，她丝毫不介怀，反而大方表示当然好。说到《让子弹飞》中与姜文的激情戏时，她则巧妙地把敏感话题提升到一个专业的高度。

所有烫手的山芋都被她优雅地扔了出去，她这等睿智的女人，见招拆招对她来说无异于吃饭睡觉，太小菜一碟。所有的怕都是因为不自信，正因心有底气，方能言行大胆，一切皆在她的掌控之中，即使稍有差错，

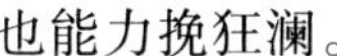

也能力挽狂澜。

年龄对于女人是秘密，对于女明星，比保护生命更来得谨慎，而46岁的她，却唯恐天下人不知她已近50，豪掷200万元到酒店包下整层宴会厅，用来招待200多位明星好友为她庆生。敬业的老公梁朝伟也特向《一代宗师》剧组请假，飞到上海为老婆过生日。

这般在外人看来不可思议的疯狂之举，居然得到亲爱的朋友和最爱的老公祝福并支持，幸福无与伦比。

坊间传言，她很强势，且经常给老公戴绿帽子。在暗箭如雨的娱乐圈，携手一路走来，从相识相知，爱情长跑，牵手围城，朝夕相对，经历了多少风雨，梁又不是傻子，谁对他好，他当然知道，因此，也把好回应给对他最好的这个女人，并给了她至高无上的肯定与赞美——娶了她。

世上最大的幸福，莫过于身边的爱人懂自己。刘和梁都是幸福的，他们了解对方更甚于了解自己。她尊重他的一切选择，包括拍激情戏、武打戏，心里虽然也在意，也担心，但她尊重他，他需要她时，她随时在。他也宠纵她所有开放大胆的行为，比如豪华的生日派对，拍美艳性感的挂历等。

活得开放，更易幸福，打开自己，如同打开心窗，让阳光晒进来，阴晦的东西便会被蒸发。如同回忆当年的裸照事件，她没回避，而是豁达地说，要敬伤害她的人一杯，感谢这个人给她成长的机会。

活得这般明白：知道想要什么，并且奋力争取，哪怕有一点不择手段，继而掬在手心呵护，想不幸福都难。

好的婚姻让人踏实、安逸

世上最动听的情话，不如行动上的一个好。

一向惜言如金、鲜少接采访的王菲，竟然破天荒地和李亚鹏一起接受《杨澜访谈录》的电视专访，并高调在微博宣布："要杨澜了，要访谈了。紧脏（张）紧脏（张）。好在有蜜瓜（李亚鹏）在这里大包大揽。"

而在录制前，李亚鹏坦言只是家庭的官方发言，三公主（王菲）才是家里话语权的霸主。任谁都不难看出，王菲撒娇般的语气里溢满了幸福，李亚鹏对王菲的称呼——三公主，两个女儿是大公主、二公主，而把王菲当成最小的女儿来宠爱。世间，唯一对女人永远不会变心的男人只有父亲，李亚鹏这样的称呼，是否等同宣誓此生心独属王菲?

世事难料，何况感情，以后的事暂且不表。王菲嫁给李亚鹏时，很多人觉得李亚鹏长得不算帅，戏演得不算好，绯闻还挺多，肯定是想沾她的光出名。即使是她带着女儿，尚且是二婚，嫁他也觉得亏。

他们的婚姻一直不被看好，可一路走来，动荡的娱乐圈内，很多明星是离了结、结了又离。他们看似浮萍般随波飘摇的婚姻，随着时光的雕塑，愈发牢固丰润起来，散发着馨香动人的光泽。

刚结婚时，她在台前唱着，他无声地移至幕后。她生女儿停工，享受当一个家庭主妇时，他才又重回屏幕。当她凭着一首《传奇》复出，而他却在风生水起的《将爱》之后，又宣称息影，找到一个跟中国传统教育相关的工作方向。

这些，或许只是时间巧合，也可能是刻意而为。世上最动听的情话，莫不如行动上的一个好。而他为她做的这些，是大家有目共睹的好，他总是尊重她的选择，继而全力支持与配合，宠她如女。

可能还会有人说，对她好有什么用，甭管唱不唱歌，瘦死的骆驼比马大，还是要靠她养家。事实上，家是李亚鹏在养着，他曾在接受采访时谈及婚后的转变，无论是丈夫还是父亲的角色，他一直努力实践应有

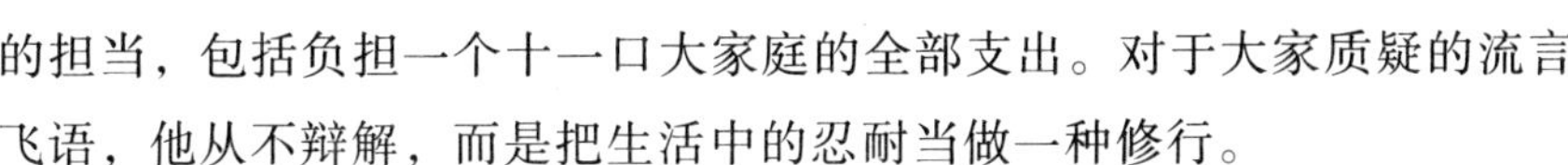

的担当，包括负担一个十一口大家庭的全部支出。对于大家质疑的流言飞语，他从不辩解，而是把生活中的忍耐当做一种修行。

婚姻和感情，都是如人饮水，冷暖自知。他对她的好，及她和前夫所生的女儿好，对家庭的担当，她一一铭刻在心，并努力地珍惜，回报这一切的好。他主演的绝版《将爱》，她不仅拉来一班圈内好友一同客串演出，几乎从不演唱影视主题曲的她，竟与陈奕迅合唱《将爱》主题曲，马不停蹄地为他站台宣传，风头几乎盖过女主角徐静蕾，并在微博上猛为老公拉票，让《将爱》刚上映短短六天，票房就已轻松过亿元。

电影《将爱》的票房成功离不开王菲的宣传，有一个名气比自己大的老婆，李亚鹏工作上的实力很容易被遮挡。而生活中，维持好名人婚姻会更难，因为娱乐圈会把原本能私下处理好的问题放大，变得更难处理。甭管多难，但李亚鹏都处理得很好，与王菲一起上电视访谈，或在微博上互相调情，双方相互站台宣传，这对一向低调的名人夫妇出人意料地大秀恩爱，让很多人跌破眼镜。但自从他将王菲娶进门那天起，很多人就没停止过追问：李亚鹏凭什么这样？

在《杨澜访谈录》采访结束时，王菲的回答给了我们无比清晰明确的答案：很踏实，很安逸。还有什么比这些对于一个婚姻里的女人更重要？

得婆婆者得天下

讨好婆婆并不是自降身价，贬低自己，而是在婚姻里提升身价，攀登幸福生活的阶梯。

一个女读者发来邮件说，身边一个女友莫名其妙地和老公离婚了，曾经多么恩爱的一对夫妻，太可惜了。

我听后，感叹地回信，感情是最不靠谱的东西，情变很正常。女读者立刻激动地回信辩驳，才不是情变呢？是她婆婆有点神经，就因为她前不久流产了，婆婆听信别人的话，流产一次后，会习惯性流产，以后想要孩子不太容易，硬逼着儿子和媳妇离了婚，如果不离，就死给他们看。

儿子夹在中间，万般无奈，可是老娘意志很坚定，媳妇一看这架势，选择了主动退出。我听后，便觉得很荒谬，单凭听来的谣言，便要执意去破坏儿子儿媳的婚姻，不达目的还不罢手。可见，儿媳不得婆婆心，后果真的很严重。

自古婆媳之事，最难将息。媳妇稍不招婆婆待见，势必给婚姻的幸福打折。不由得想起另外一个朋友，因儿子挑的不是婆婆心目中的准儿媳人选，结婚时，儿媳的同事过来喝喜酒，按人头数，餐钱酒水一分不少地要媳妇自己出，还不准用儿子的钱，如此刻薄、斤斤计较，就因媳妇不讨她喜欢。

再来看看我们的美容女王大 S，不对，如今应该称为汪太太。一向强势的她面对一个同样强势的婆婆——俏江南的总裁张兰，却十分乖巧，煞费苦心投其所好，不仅送准婆婆名牌包包，一向以工作为重的她，还在准婆婆张兰患重感冒时，不顾一夜拍戏的辛劳，没敢睡一分钟觉，立刻向剧组请假，马不停蹄地赶去看婆婆，中药西药都备足。

用心付出肯定有收益，婆婆面对媒体提及儿媳的孝行，笑颜如花般地说：“看到媳妇，病都好啦！她还帮我买药，我们福分很大，娶了这么好的媳妇，谢谢徐妈妈培养这么好的女儿，大 S 拍了一夜的戏，还没

睡觉就来看我。”

对某一个人好，她一定会感觉得到，你做的，她都知道。准婆婆不仅夸大S有孝心，连媳妇的娘家妈都夸了一通。如此不吝啬美言，想必是大S的孝顺行动对足了她胃口，女明星漂亮的多得是，汪的前女友张雨绮就容貌来说，也不比大S逊色，分手的原因，据说是不讨张兰喜欢。

把功课做足了，必然能考出高分，收益也最大。豪门婚前签协议的比比皆是，这证明，豪门一开始就没把媳妇当自家人，摆明了彼此是暂时合作的伙伴，白纸黑字的协议，好聚好散，还省得瓜分财产。

针对婚前协议，十分满意儿媳大S的张兰不以为然：“他们不用签，我觉得有些人一见面就要签，有些人一见面就是一生的。可以感觉这个媳妇是我一生的媳妇，以后还会是个好妈妈。”

人的时间、精力、心思花在哪，都可以看出成效。聪明的大S给女人们上了睿智的一课，不管未婚，抑或已婚，拼命地对婆婆好，准没错。和谐的婆媳关系有助于婚姻幸福，不仅得到精神的礼赞，还能得到物质上的实惠，何乐而不为呢？

恋爱是两个人之间的事，结婚是两家人的事，这其中，处好婆媳关系，一定会给婚姻生活加分。这绝非危言耸听，你爱她的儿子，就要一并爱他的母亲，母子连心，一旦婆婆不开心，你的另一半势必也会不快乐。碰到讲事理的婆婆和老公，将就着还能过日子，碰到愚孝的老公和难缠的婆婆，就有罪受了。轻则三天一大吵，两天一小吵，整天闹得鸡飞狗跳，重则婚姻无存。

世上什么样的人都有，当然也有很多种婆婆，不管她是哪一种，和婆婆相处好，对婆婆投其所好，准没错。讨好婆婆并不是自降身价、贬低自己，而是在婚姻里提升身价，攀登幸福生活的阶梯，有没有用，一试便知。

终于学会了如何去爱

酣畅，很多人给得起；触手可及的平常温暖，只能是那个与她一起慢慢变老、相守相伴的人才能给。

在网上看到刘若英公布婚讯时，第一反应是，“奶茶”要结婚了，真好，衷心祝福她，有种仿佛好友历经多年坎坷情路，终于觅得真爱的喜悦。到底是哪位幸运的男子，把这杯香浓温润的“奶茶”端回家了？

最先曝光的是，刘若英老公钟石的身份和汪小菲一样，是富二代。一些网友在看到此新闻时，不免有些失望，感叹：原来“奶茶”和一般女明星没啥不同，也非豪门不嫁啊，一点新意也没有。

我不由得想为“奶茶”叫屈，结婚要什么新意呢？只要那个男人是彼此倾心的爱人，其他的事都不算事。要我说，嫁入豪门又如何，遇见那个爱她的人，既能给她爱情，又能给她优越的物质生活，有什么不好？

天底下，想嫁豪门的女人多了去了，未必有这个资本、这个条件。吃不到葡萄的，若你不嫌累，就使劲说葡萄酸吧！物以类聚，人以群分。她生活、工作的圈子，接触的也注定是要么有名、要么有钱的人，她遇上个有钱的是必然，而非偶然。有人会因为其男友贫困而离开，鲜少见过只因为男友太有钱而选择放弃的。

没几天，又有新闻爆，刘若英登记前还是处女身，这年头，无聊的人可真多，作为41岁的黄金剩女，别说在明星，即便平常女子，在物欲横流的今天，婚前这般洁身自爱，也难能可贵。是处女难道很丢人？

就在处女事件尚未平息时，又有消息爆，刘若英是奉子成婚。瞧，无需刘若英回应，后一条传言让前一条不攻自破。

在各路妖孽都忙着制造语出惊人的新闻来吸人眼球时，“奶茶”却表现出一贯的淡然和镇静，清者自清，没作任何回应。但“奶茶”和钟石的媒人滕华弢导演实在看不下去，不得不出言辟谣，称钟石并非先前报道中所传言的“富二代”、“身价十亿”，工作也仅是和“金融沾边”，

与“奶茶”的年龄仅差两岁，至于奉子成婚，更是无稽之谈。

“奶茶”这婚结得还真不容易，可以说是柳暗花明又一村。在找到这位真命天子前，她在爱情里演的基本都是独角戏，从陈升、黄磊到陈国富，从21岁到41岁，这二十年来，她总是爱上不能爱的男人，无论怎么拼命地在爱情海洋中奋进，她渴望的爱人就站在岸边，却从不向她伸手。

终于，在刚过不惑之年，41岁的“奶茶”在对的时间，遇到了对的那个人，这一次，她学会了如何去爱，并修成正果，用事实击破了“孤寡”“拉拉”“后妈”等传言，这个唱着《一辈子孤单》的女子，从此不再孤单。

“奶茶”在书中写：“走走唱唱的世界，只是真实世界中很小很小的一部分。所有的酣畅都会回归正常平淡。”或许很多人都会认为，“奶茶”是为嫁而嫁，我却觉得“奶茶”是成熟了，历经情感磨难的她，已深深懂得：酣畅很多人给得起，触手可及的平常温暖只能是那个与她一起慢慢变老、相守相伴的人才能给。

阳光下的爱情都应该被祝福

既然英雄都可以不问来路，那么，所有见得了阳光、修得正果的新娘新郎都应该得到美好的祝福。

赵子琪和路金波的低调婚礼一经曝光，便以迅雷不及掩耳之势被高调地推到了风口浪尖，以前略有点名气的俩人一夜之间比动车还快的速度火了起来！只因新娘子被传是“惯三”，此次终于得手，上位转了正。

尽管赵子琪一再声明，和路金波虽然早就认识，却是在他离婚后才决定要在一起，否认自己是小三。

路金波也洋洋洒洒地写了篇《人间、佛性与魔道》澄清前因后果的公开声明，大意是：“人间”是感谢前妻九年来的相伴。“佛性”是送给爱人子琪，称遇到爱，遇到性，都不奇怪，最难得的是遇到了解，遇到她的这一年，是他人生中最美好的一年。“魔道”是送给“天涯观光团”，望大家不要以恶小而为之，恳请大家放过他如今的妻——赵子琪。

尽管新娘信誓旦旦地保证自己不是小三，新郎晓之以理、动之以情的声明，但是围观者似乎都不买账，认定是后来者居正的赵子琪破坏了路金波原本幸福的家庭，让其抛妻弃女，与她结了婚。

退一万步说，就算赵子琪是在路金波离婚前就恋上他了，但苍蝇不叮无缝的蛋，路金波能与她对上眼，说明原本的家庭已不再幸福美满。有缝才能钻啊！按常理，女人做三，无外乎两点，一是贪钱，二是贪爱。男人外遇，也无外乎两点，一是贪色，二是贪爱。两相情愿的结果，当一遇上一或二，都只能是恶俗的婚外情。

事实证明，他净身出户，她是嫁得最穷的女明星，并非贪钱。而他，给了她至高无上的赞美，娶了她。当二遇上二，从本有可能发展成偷偷摸摸的外遇，变成一场当爱遇上爱的光明正大的婚礼，试问，这有什么错？

路金波在给不了前妻爱的情况下，净身出户，把半生所得倾囊交出，

并承诺会一起照顾孩子。给所爱的人一个名分，不管是对前妻还是对现在的爱人，都做了一个男人能做的也应做的担当与责任。相较那些家里红旗不倒，外面彩旗一面甚至N面的，吃着碗里的，霸着锅里的，金玉其外、败絮其中的道德败类，要好过千万倍！

在女星都非豪门不嫁的娱乐圈，赵子琪嫁了一个没她名气大，要钱没钱、一穷二白的出版人，她图他什么呢？只能是遇到爱情。她只是做了所有女孩都会做的事，当爱情来敲门，那个爱她的男人有资格娶她的时候，把自己嫁了。

既然英雄都可以不问来路，那么，所有见得了阳光、修得正果的新娘新郎都应该得到美好的祝福。因为，除非是与彼此的初恋结婚，否则谁的过往都不会是白纸一张，纸上原本的风景当然会风格不一，颜色可异。当一个人不再喜欢或被厌倦这种风格与颜色时，另一个人正好遇到，而且喜欢，并光明正大地通过合法途径取得，原本皆大欢喜的事，真搞不懂，一帮子看客哪来这么多怨气可言？

狠狠爱，轻轻地离开

童话般美好的爱情，即使已经破碎，也应该是彼此相视一笑，各自华丽地转身，不应是彼此揭对方的短，沉默是对过往的爱最好的尊重。

据民政部提供的数据，2011 年一季度，全国有 46.5 万对夫妻劳燕分飞，平均每天有 5000 对夫妻离婚，离婚率已连续七年递增。如此说来，一个月内全国得有 15 万多对夫妻离婚，而锋芝闹离婚那一个月，大众眼里只见“锋芝”，究其原因，包袱抖得越多，结局越发吸引人。

事情还得从头说起，他们离婚的导火索，是从柏芝在飞机上向陈冠希示好，并贪财，到霆锋包小三，柏芝揭霆锋表面上是在扮好男人、好爸爸，背地里猛放料等六宗罪，再到霆锋发声明，自己还想柏芝、还爱柏芝，只是不知道怎么走下去。柏芝闻后，伤心不已，疑被怀第三胎，并哭诉求和，霆锋心软……多波折、多狗血的剧情，却不厌其烦地占着新闻头条，演员不亦乐乎，却让观众大呼受不了，直呼只要结局。

无论如何，他们曾经是爱过的吧！想必，很多人都还记得并为之感动，在“艳照门”事发后，霆锋对柏芝说，有老公在，不要怕。那一刻，他是世上最值得去爱的男人，她是世上最幸福的女人。

童话般美好的爱情，即使已经破碎，也应该是彼此相视一笑，各自华丽地转身。不该是他暗指她贪财；而她揭穿他好男人、好爸爸的形象是演戏，在家对他们母子冷暴力，连他戴墨镜都成了说谎的行头……

这些指责与揭开所谓的真相新闻让人心寒，只是很难理解，倘若柏芝真的爱财，为何她在事业与年华正好时，甘愿窝在家里拼命般一个接一个地为谢家生孩子？如果说霆锋一直在演戏，那他需要多深的城府，才能在全世界人的眼皮底下伪装得如此彻底？

我宁愿选择相信他们是相爱的，只是每个婚姻里都会有的矛盾、争吵，甚至气头上的恶言相向，被媒体放得过大，被扭曲了，在他们来不

及处理，像平常夫妻床头打架床尾和的时候，就这样散乱着被添油加醋半生不熟地以迅雷不及掩耳之势，放猛料如下饺子般一盘接着一盘端了出去。

我想，无论是他们隐有旧伤的婚姻，还是我们每一个人再怎么幸福的婚姻，都禁不起如此放连环炮般曝光，没有喘息的机会，一旦有伤，若不及时处理，仍旧你方唱罢，我方登场，继续彼此炮轰，最后只能双双体无完肤。婚姻的战争，要么双赢，要么两败俱伤。

我只想说，婚姻里的夫妻，既然走到一起，曾经肯定相爱过。如今，不管什么原因，要分开，也要看在一起走过那些美好岁月的分上，放爱一条生路，别再揭彼此的短。夫妻间如此亲密的关系，相互揭短不亚于互曝床照，实属蠢举，且有失人品。沉默是对过往的爱最好的尊重。

若有孩子，就算不看在爱的份上，也要看在孩子的分上。孩子那么天真可爱，作为孩子的亲生父母，彼此放箭，只会把他们射得千疮百孔，虎毒且不食子！

爱时就狠狠爱，分开时，最好轻轻地走吧！

实在过不好，就撤吧

在婚姻中，你努力了，也试着去宽容，但若实在过不好，就赶紧撤吧！因此，女人无论何时，都得有能养活自己的能力，不敢撤才是最大的悲哀。

假如有女友告诉我，她离婚了。我会恭喜她，祝福她开始美好的新生活。既然俩人离婚，必定有矛盾，两个人都觉得不快乐，这不幸的婚姻不要也罢，把丈夫变成前夫也不是一件坏事。可能有人会骂我：两个人搭伙过日子，也有个说话的伴，总比独守着一屋子的寂寞好。

曾经也有人和我说过，一旦离婚，生活质量会倒退十年，生活是一种习惯，要打破已经习惯的习惯重新开始生活，不是一个折腾能了得的，这等于浪费时间、浪费生命。

离婚摆明了是把鲜浓香甜的牛奶换成淡而无味的豆浆。但别忘了，与其喝掺了三聚氰胺的牛奶，还不如喝纯天然绿色食品豆浆呢？后者虽无味，但不致命。再说，离了婚也不一定就是把牛奶换成豆浆，为什么就不能把掺了三聚氰胺的牛奶换成不含三聚氰胺的奶粉呢？换个优质的、口味更纯正更适合自己的，不是更好？

因此，把不幸的婚姻解体，是值得恭喜的。虽然说现在离婚不是什么稀罕的事儿，离婚率确实挺高的，可事实上婚姻不幸的人更多，丈夫有外遇，夜夜不归家，偶尔还施展家庭暴力，女人们却为儿女有个完整的家，让父母不为己操心，经常是忍气吞声，一忍再忍，而失去自我地待在只剩下空壳的婚姻里耗费生命。此类例子比比皆是，但有勇气走出来的人却在少数。

据我了解所知，一般婚姻不幸福却不肯离婚的，大致归纳有五种情况。第一，舍不得老公；第二，舍不得孩子；第三，怕给父母添麻烦；第四，舆论压力；第五，怕找不到好男人甚至不如原来的。

先说第一种，舍不得老公。不管过去的生活多么美好，他之前如何

把你捧在手心里宝贝着，但那都是过去，现在不爱了，哪怕你仍然爱着他。这如同过期的食品，你再想吃也不能吃，继续吃只能危害自己健康。

第二是舍不得孩子。认为给孩子一个有爸爸有妈妈的家就是对孩子好，这种想法太可笑，试想，让孩子生活在一个父母不合、争吵不休的环境里，一定会比一个安静舒适的单亲家庭好吗？

第三是怕给父母添麻烦。这就不多说了，天下没有哪个父母不想让自己的儿女幸福的，只要你幸福，怎么着，他们都不会嫌麻烦，你若不幸福，才是他们最大的麻烦。

第四是舆论压力。这更没必要了嘛！人活着，肯定会受到外部环境的影响。但舆论不应该成为主宰我们人生幸福的航标。

第五是怕找不到好男人。纯属杞人忧天，试想，20多个掺了三聚氰胺的品牌奶粉不能喝，不是还有更多的奶粉是安全的吗？中国的人口多，男人自然不少，这点担心完全没必要。

如果女人觉得待在婚姻里不舒服、不自在，过得不是自己想要的生活，更别说只剩婚姻外壳而苦苦挣扎了！所有的理由都构不成继续委屈自己的理由。现在赶快行动起来吧，把经过努力依然过不好的日子，统统抛弃，迎着未来明媚的阳光，开始美好的新生活。

不过，最后需说明一点，要想从不幸的婚姻里逃出来，首先必须有逃生的本事才行。一定要经济独立，总不能离婚后还吃他的喝他的？哪儿都没有免费的午餐，就凭你和他结过婚，他就得养你一辈子？这是没有的事。

不管婚姻幸与不幸的女人们，为了不吃谁的嘴软，一定要在经济上独立自主，至少有份能养活自己的工作。以备哪天你婚姻的小舟出现漏洞，你才有逃生的资本，不致溺死在婚姻里。

爱也要除恶务尽

智齿再疼也要拔，有恶习的爱人，再不舍得也要放弃。

一个读者发来邮件说，多年前，爱上一个男孩，他啥都好，就是爱赌钱。每次决定要和他分手时，他都表示要痛改前非，结果每次戒赌只能戒一时，恶习终归难改。她绝望地想用自杀来威胁他，可是，在她还没有自杀前，他剁下了自己的一截小手指。

看着他血淋淋的手指，她心疼得眼泪都掉了下来，她终于相信，这次他真要金盆洗手，不赌了，经历过了切肤之痛，想着他肯定不会再犯。于是，她带着心疼与感动，做了他的新娘。

江山易改，本性难性，结果，他还是去赌了，和以前不同的是，他不再变着花样哄她，而是随她闹，面对她的指责与哭闹，他都充耳不闻。可今非昔比，分手不同于离婚，毕竟当初是她众叛亲离地要嫁他，现在已没了退路。

看到这里，你可能会说，这样的男人要来干啥，早甩了早开始下一段幸福。纵然是旁观者清，道理也对，可事情不在自己身上，再理解她的疼，也不可能感同身受。

2011 年年底，我由于牙疼去牙科看医生，医生告诉我，左侧横着长了一个智齿，建议我拔除。不然，会把前面的牙顶坏，到时就不是一颗牙的问题，而是一排牙。

由于智齿横着长在牙龈里，所以拔牙时要切开牙龈，把智齿分段拔出。我一听，吓坏了，怯怯地问医生，如果不拔呢？医生说，一定要拔牙，不拔的话，一上火就容易发炎，且这智齿横着长，没有对口牙，会一直长，直到把前面的牙全部顶坏。

我当时很害怕，吃了点消炎药，到了准备拔牙时，又临阵逃脱了，后来稍有上火发炎时，都是吃点消炎药打发了它，竟也相安无事，就觉得医生真是太危言耸听了。

前几天，牙疼却来得十分凶猛，我吃了药后，丝毫不见效，喝水都疼，还发低热，脸和脖子都肿了，去拍片，医生说，牙根都已长出，紧靠着这颗智齿的牙已被顶坏，已被挤出列，必须尽快拔除它。它就像定时炸弹，一天不除去，一天难安心。

智齿再疼也要拔，有恶习的爱人，再不舍得也要放弃。因为，一天不放弃，带给我们的就是多一天的伤害，既然都会痛，长痛不如短痛，坏牙拔去后，吃嘛才会嘛香！

当我们决心做一件事时，所有的理由和借口都不是问题。

受伤的女人，你准备好放弃有恶习的爱人了吗？

幸福女人用的是哪一招

他享受你的好，你的付出才有价值，也才有回报。反之，不爱了，继续留在身边会适得其反。

在两性间的战争里，女人日久生情，男人日久生厌。因此，多半男人在移情别恋后，女人总是很受伤很委屈也很无辜。

其实，女人大可不必为一个已经不相干的人伤心，除了遗忘，任何情绪都是多余的。

忽闻，一位很有才气的朋友离婚了，但至今未公开。大家都猜想她是要继续拽住幸福光环的假象。他对她的好，有目共睹，无可挑剔，这么好的男人都抓不住让他跑掉，真是可惜。

问她为何？她说，相爱时，怎么都好。不爱时，怎么都不好。不离等啥？现在的她很享受一个人的生活，原来有人爱时，是一种幸福。没人爱时，自己爱自己，也是另一番幸福。之所以不公开，是因为不想被打扰。

另一位朋友，放弃了自己优越稳定的工作，千山万水地奔着一个男人去了。结果，男人负心，她心一横，靠着自己的努力，在他的城市买了房，勇敢坚强而幸福地生活着。在他的眼皮底下恋爱、结婚、生子……虽然每一步都走得艰辛，却劳有所得。

还有一位朋友，在小城，与长相帅气、工作不错的老公结婚近十年，上班上得累了烦了辞职回家，玩够了再去找工作，她高兴就好。他挣的仅有的钱，随她花。她想要的，甭管合理与否，他能给的会全给。一日，她说厨房向阳，要拆了当画室学画画。他便利用休假的时间，把厨房给拆了，按照她的设想装成了有落地窗的画室。没学几天，她说坐久长胖了，要学肚皮舞减肥，他便联系学习班给她报名交费，后来她又说跳舞太累，他便陪着她散步……

这一切，如果不是亲眼所见，很难相信。她只是个平凡女人，何德

何能，能让咋看都比她优秀的老公数十年如一日地捧在手心里疼爱。很是费解，只能说她命好。

一日，我打电话约她逛街。她说，“姐可是档期很满哦，等我问下老公，一会回你电话”。我心想，又不用上班，有啥好忙的。过一会儿，她回电话说，她老公可能一会要回来，暂时不能出去，要在家熬他最爱喝的八宝粥，后天老公若是如期上班，再和我联系。

我打趣说，难不成每天都要在家给他熬八宝粥？她说，可不是，他胃不好，要好好地养，若有不周，他的胃立刻就会给你颜色瞧瞧，他自己又不会做饭。

瞬间，我突然明白，她受的宠是她应得的，她的所有档期都为他而留。

为男人倾心付出的女人多不胜举，而真正获得幸福的，却少之又少，只能说，招没用在对的人身上。他享受你的好，你的付出才有价值，也才有回报。反之，不爱了，继续留在身边会适得其反。

总之，有人爱时，就倾心地爱。不爱时，就果断地分开，换个人来爱。没爱人时，就好好地爱自己，这是幸福女人永不失败的招。

世上，最好不过当男人

做小三，没有分手费；做妻子，他名下的房子也与你无关。到底什么与女人有关呢？

新《婚姻法》一颁布，立刻引来一片哗然。男人们拍手叫好，女人们只能愤恨地说，便宜都让男人占去了，我甚至在猜想，起草这《新法》的肯定是男人，不然，为何都是在为男人谋利呢？

男人找了小三后，可以尽情地玩，不再有小三要分手费的后顾之忧。《婚姻法》修正案最新规定：有配偶者与他人同居，为解除同居关系约定了财产性补偿，一方要求支付该补偿或支付补偿后反悔主张返还的，人民法院不予支持。

这样的规定很主旋律，小三大多是冲着男人的银子去的，这样一来，断了小三的经济命脉，相信很多想靠着小三之路赚银子的女人，美梦要破灭了。再说，已婚男人就像借来的钱，怎么花怎么爽，可终究是要还的。花钱的时候俩人一起享受，而还的时候只能独自痛苦了。

当然，也不否认，有想要真感情的小三。可转正太难，即使有幸转了正可能更亏。男人有初一就有十五，把你转正后放在家里，没准就去找小四、小五了。这样的转正有什么意义啊！

别说小三了，老婆又能怎样，就算他不找小四、小五，你住在他的房子里，就像一个房客，哪天男人一不开心，赶你出门，你就得乖乖走人。到最后，只能赔掉青春，一无所有。想想，这做女人的就活该倒霉吗？！

做小三没有分手费，做妻子，他名下的房子也与你无关。到底什么与女人有关呢？无微不至地照顾男人，在婚姻里倾心付出，生儿育女，孝敬公婆，努力上班，尽心持家，到头来还是黄脸婆一个，还得担着流落街头的风险。

真弄不懂新《婚姻法》起草人是何用意。限制小三要分手费，这当然是好事，毕竟小三触犯了道德。可对于婚姻内的女人太不公平了。按

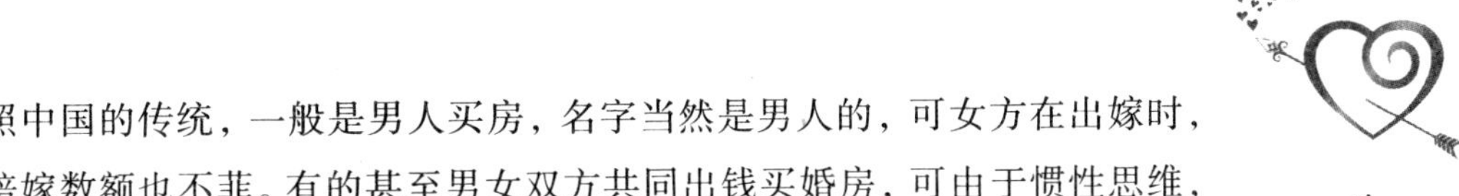

照中国的传统，一般是男人买房，名字当然是男人的，可女方在出嫁时，陪嫁数额也不菲。有的甚至男女双方共同出钱买婚房，可由于惯性思维，一般都写上了男方的名字。为何一旦离婚，就鸡飞蛋打？

这无疑加深了女人对婚姻的恐惧，即使不合适，也要委曲求全？反而助长了男人出轨的火焰，老婆不敢轻易离婚，玩小三又不用出分手费。这世上，最好不过当男人。

说这些废话，也只能算是发发牢骚，毕竟“新规”已颁，大局已定。我们女人唯有自主，自立，自强。首先，房产证上没你名字的，赶紧去加上自己的名字，不要不好意思怕伤了感情，爱情虽然可贵，房子也重要啊。如果男人因此对你有微辞，只能证明他的狼子野心——想独吞。如若男人不能给你带来安全感，但有自己名字的房产证能带来安全感。

还有以家庭为主、工作为辅的，甚至家庭主妇，要赶紧转移精力，谁挣的银子都不如自己的。如今，用在家庭上的投资已很难收益，不如好好工作，努力挣钱，自己挣的银子，买了房，写上自己的名，离婚后还是自己的，与对方没有一丝一毫的关系。

男人存私房钱新说

男人存一点私房钱，办一些所谓的私事，不管好事坏事，瞒着女人，都是为了不让女人受伤害。

任何东西一旦划定在私房圈内，必定是不想让人知道，更不肯与人共享，钱更甚。一提到私房钱，大抵会想到古时的女人，偷偷从家用中扣点碎银子，买点胭脂水粉，偶尔接济一下经济困顿的娘家。那时，女人之所以藏私房钱，是因为自己不能挣钱，又想做些需要花钱而不想让丈夫知道的事。如今，男女平等，家庭经济透明化，各自都有自主权，私房钱可有可无。但一个结婚多年的女友却极力否认说，要想家庭不散，就得防着男人有私房钱，男人有私房钱就会变坏，男人用私房钱肯定不干好事！

我听后，觉得女友太果断，男人有点私房钱，也未必都是不干好事。私房钱于男人，就像一条名贵的领带或兜里的叫得出牌子的香烟，没有也能活下去，有了，当然更好，也不是时时要用，只是需要在人前更体面，或联络感情更方便。

一个表哥曾告诉过我，男人还是有点私房钱好，办事方便，不让老婆多疑，也避免家庭矛盾。虽然他家财务公开，她老婆也算通情达理，可有些事他觉得需要办的，她老婆就是不同意，再坚持下去就得吵架，不坚持又办不成事。在这一点上，我不否定，在同一件事情上，男人和女人的想法往往不尽相同。有人该说，那可以商量啊。家务事清官都难断，两个人也总有商量不好的事。

因此，表哥说，存点私房钱还是有必要的。尤其是有些事，男人不方便向妻子公开说，比如，到豪华的酒店请多年不见的朋友奢侈一回；偶尔空闲时，喝点小酒，打下小牌；接济一下暂时过得不太好的亲朋好友。再说，男人口袋里总要有点钱，不至于被别人看轻了去，都是些人之常情的事，从理论上说没什么，但女人天生疑心重，商量好了还好，

商量不成又会招惹一场家庭恶战。

表哥说的极是，没有谁喜欢天天吵架，为避免家庭恶战的发生，存点私房钱非常有必要。这样看来，男人存私房钱，说到底除了利己，还利妻利家。

并非提倡男人要存私房钱，可男人存私房钱，除了客观因素，和这家的女人也有一定关系。男人好好的，干啥要存私房钱，还不是哪里有压迫哪里就有反抗，你制订了政策，他才出的对策啊。

男人被逼出存私房钱的对策实属一个下策。存了私房钱，就等于被扣上了“妻管严”的帽子。要不然，男人花自己挣的钱，有一千个一万个理由光明正大。不管他去干什么，人家挣的钱，爱怎么花就怎么花，你管得着吗？男人偷偷摸摸花自己的钱，理由只有一个，怕老婆，不想与老婆为琐事伤感情。

“妻管严”不管对男人还是对女人来说，都是一种赞美和褒奖。男人只有爱他的妻子，才会怕她，才会心甘情愿被其所管。要不然，一般男的挣钱比女的多，打架一个顶俩，凭什么让你管着啊！对于男人来说，女人管你，那是因为她爱你，要不然，吃饱了撑的，闲了看蚂蚁上树玩也不去管你这一大活人。所以说，在“妻管严”的家庭里，男人和女人都很幸福。

既然两人都很幸福，男人存一点私房钱，办一些所谓的私事，不管好事坏事都瞒着女人，是为了不让女人受伤害。难道你就没有不想让丈夫知道的与背叛无关且又要花钱的事？一个男人，口袋里总要有点钱才有底气，才自信，才能活得像个爷们，没有哪个女人会希望自己的老公在外面连腰都挺不直吧，如果财政大权在你那里，给他的零花钱少之又少，那么男人存点私房钱也情有可原。

不由得想到一首歌里唱的，“好男人不会让心爱的女人受一点点伤”，如果你的丈夫存私房钱，除了给他自己挣点面子之外，还因为爱你，不想让你受伤，爱你们共同的家。如果不爱你，根本不会顾及你的感受，不为整个家庭的和睦，也就想干吗就干吗！根本用不着偷偷摸摸地藏私房钱了！

女人们，如果怕你的男人藏私房钱，更怕他拿着这些私房钱去做坏事，那就要看自己的表现如何了：你是选择通情达理，知道他所想所愿，帮助他完成这些事；或他做不应该做的事时委婉提醒，还是紧紧掌控财政大权，不给他任何有钱变坏的机会，让他没有一点自主权，凡事商量来商量去仍由你做主，若意见不一，他还招来一顿骂。请记住，哪里有压迫，哪里就有反抗！

女人贪钱，有时候只是贪爱

不是所有的女人都贪财，但所有的女人都贪爱。而爱，很多时候，是需要用钞票来表达的。

喜宝说：如果没有很多很多爱，那就要有很多很多钱。而很多爱通常是用很多钱来表达的，你有多爱我，便有多舍得为我花钱。你有一百块，舍得为我花一百块，我便认为你对我的爱是100%；只舍得为我花一块，那便是1%。没有道理可讲，爱与不爱的区别就这么简单。

因此，若你的男人肯给你钱花，不一定很爱你，但若不给你钱花，一定不爱你。别听他说什么不给你钱花，并非不爱你。试问，他爱你，在你肚子饿时，他说一百一万句甜言蜜语，也不如花五块钱为你买一碗面来的实在。我想，只要是神智正常的女人，都会选择后者。

我是正常的女人，所以选择后者。如果你口口声声地说爱我，却不舍得为我花一分钱，我便认为你不爱我。除非你一分钱也没有，那另当别论。君不见，平常人送礼时都说，一点小礼物，表达下心意。看看，这心意都是用什么来表达的，礼物，是钞票买来的！

他要对你表达爱意，就要舍得为你花钱，给你买你所喜欢的东西，让你开心，让你快乐，让你感受到幸福。如果他不愿意，不禁就让人生疑，他是否真的爱你，爱一个人不就是希望她快乐幸福吗？再说，爱这个东西本来就虚无缥缈，看不到、摸不着的，没有实实在在的东西来展现，让人如何感受到？！

这样说，并非我们女人拜金，一定要冲着男人的银子去，还要冲着舍得为自己花钱的男人们奔去。其实不然，女人喜欢花男人的钱，不一定就是奔着钱去，女人一般只喜欢花自己喜欢的男人的钱。花不喜欢的男人的钱，吃人家嘴软，拿人家手短，在我们女人经济也独立的今天，谁稀罕男人那点钱？

通常，女人喜欢花哪个男人的钱，说明她喜欢他。人们常说，一个男人舍得为女人花钱不一定爱她，如果不舍得；肯定不爱。女人让男人买东西给她，只是用来证明男人爱不爱她的一种方式而已。

曾问过一个花心的男人，爱一个女孩会舍得为她花钱吗？他说，在他那里没有爱与不爱，只有爱的程度不同，看你是舍得带她吃面条还是龙虾。我听后莞尔，多么精妙的回答。

有一个男性朋友，号称他们单位的“三抠”之一，是一个出了名的吝啬鬼，平时再好的朋友想让他请喝碗粥都难，他自己的生活也特节俭，但他对喜欢的女孩却很大方，不管多贵的东西，只要她喜欢，他就买。对于他这种反常举动，我们都笑他，即使这样，那女孩也不会喜欢他，因为那女孩比他优秀太多。他听后只是笑。没多久，出乎意料，那女孩成了他的女友，接着升格成他的妻子。

不少朋友为此感到纳闷。现已成为他老婆的她笑着说，他是真心对她的，要不然，以他一个小职员，不会舍得把辛辛苦苦赚来的血汗钱，大把大把地花在她身上。大家听后顿时恍悟：是钞票把爱表达。

如果一个男人说喜欢你，却又不舍得为你花一分钱，那么得立刻跟他说拜拜。不是所有的女人都贪财，但所有的女人都贪爱，而爱，很多时候，都是需要用钞票来表达的。

女性回归，或许只是个传说

当女性回归，没有经济来源，不可避免地会失去话语权，若拴不住男人，谁来保障回归女性权益，甚至温饱呢？

“鼓励部分女性回归家庭是中国幸福的基础保障”，这是全国政协委员、女性研究专家张晓梅提交的2011年的两会提案，建议鼓励部分女性回归家庭，并指出女性回归家庭并不是时代的倒退，而是更利于国家民族长久发展的智慧选择。

果真如此吗？提案一经提出，就引起各方热议，首先，社会学家李银河评价该提案，是抹杀了妇女解放的最重要成果——妇女走出家庭，参加社会生产劳动。

其实，让妇女走出家庭、参加社会生产劳动是一种解放，在如今竞争激烈的职场，女性既要拼杀职场，又要顾家，升生两难，回归家庭又何尝不是一种解放呢？

我们先不上升到解放的高度，从实际出发，如今独生子女越来越多，夫妻俩有双方父母四位老人加上孩子要照顾，压力本来就很大，如果女性回归，就算是部分回归，我们的工作由谁来做，全换成男人？一个男人上班，去养活一家七口？

再说，女人一旦回归，窝在家里，大部分都会犯同一个毛病，整天围着老公孩子转，久之，与外面世界脱节，越发没有安全感，老公是唯一的救命稻草，闲时难免会臆想，老公是否有外遇，继而把跟踪调查当成工作，男人在劳累一天后，还要被盘问调查。

女性回归，对男人来说，只是累点、烦点。对于我们女人来说，却可能婚姻和温饱都难维持。

女人不上班，意味着失去展现自己魅力和价值的阵地。当丈夫在满是油烟味的妻子身上再也寻不到可欣赏的地方时，移情别恋是迟早的事。互相欣赏是爱情和婚姻的基石，一个家庭主妇想要拴住男人太难了。

当女人一旦没有了经济来源，不可避免地会失去话语权，又拴不住男人时，谁来保障回归女性权益，甚至温饱呢？

就算议案提出者想得周到，在议案最后提到让国家通过立法保障回归家庭女性的权益。可是，法律能保障回归家庭女性的权益，能守住女人的婚姻、温暖的家吗？我想不能，但凡举起法律的武器时，多半是事已垂危、无法收场了。法律只是冷冰冰的标尺，令人生畏，我想，一个和睦美满的家庭是用不着法律来解决任何事的，有情，有爱，有温暖，足矣。

随着女性社会角色的逐渐强化，出现了“中性化”甚至“男性化”的现象，但尚且能顶起自己的半边天，谁的天空谁做主，靠自己的努力去改变命运和生活。一旦让女性回归家庭，一切依附于男人，所有的安全感只能寄托于法律，不得不随时准备着与身边最亲最爱的人对簿公堂，岂不太可怜太可悲？

如果男人外出劳动，挣的钱都给我们女人管，且永不变心，那所有的女人还不乐得把双手双脚都举起来赞成让女性回归，但这可能吗？

这当然不可能，也是不现实的。就此，也给家庭主妇，或者在职场拼杀感觉到累，想撤到家里做家庭主妇的女人敲响了警钟，不管你的另一半有多爱你，多有钱，并支持你回到家里当全职太太，但你想在家庭有话语权，不用花一分钱都要看人脸色，则不要轻易地“回归”。有一份能让自己有事做、养活自己的工作真得很重要。